지오몽의 지구 이야기

지오몽 인간을 만나다

기초편

엮은이 · 행복한 논술 편집부

2

Chapter 3 생명과 자연 2

- 16 먹이 사슬은 어떻게 연결되어 있을까   10
  〈STEAM 활동〉 사라진 늑대 재판   14
- 17 공룡은 무얼 먹고 살았을까   16
  〈STEAM 활동〉 공룡 똥 화석 탐정단   20
- 18 공룡은 왜 한꺼번에 사라졌을까   22
  〈STEAM 활동〉 공룡 멸종 코드 해독 작전   26
- 19 공룡을 지금 되살릴 수 있을까   28
  〈STEAM 활동〉 공룡 되살리기 과학자 회의   32
- 20 매머드는 왜 멸종했을까(1)   34
  〈STEAM 활동〉 매머드 생존 복장 만들기   38
- 21 매머드는 왜 멸종했을까(2-끝)   40
  〈STEAM 활동〉 멸종 미스터리 과학자 추리 회의   44
- 22 화석은 어떻게 만들어질까   46
  〈STEAM 활동〉 나의 화석 이야기 상자 만들기   50

Chapter 4 인류의 시작과 진화

- 23 사람은 언제부터 지구에서 살았을까   54
  〈STEAM 활동〉 인류 계보 퍼즐 놀이   58
- 24 사람은 언제부터 두 발로 서서 생활했을까   60
  〈STEAM 활동〉 진화 몸 시뮬레이터 설계   64
- 25 사람은 언제부터 도구를 만들어 썼을까   66
  〈STEAM 활동〉 도구 진화 타임라인 만들기   70
- 26 불의 발견이 사람의 수명을 늘리다   72
  〈STEAM 활동〉 불 사용과 수명 연장 원인 찾기   76
- 27 농사를 지으면서 생긴 변화   78
  〈STEAM 활동〉 농경 마을 설계   82

Chapter 5 에너지 자원

- 28 화석 연료는 어떻게 만들어지나   86
  〈STEAM 활동〉 화석 연료 생성 지도 만들기   90
- 29 우리나라는 왜 석유가 안 날까   92
  〈STEAM 활동〉 나만의 시추 장비 만들기   96
- 30 태양과 바람을 이용한 전기 만들기   98
  〈STEAM 활동〉 나만의 발전소 만들기   102

활동 지침서 (16~30)

- 16 사라진 늑대 재판 활동 해설지   106
- 17 공룡 똥 화석 탐정단 활동 해설지   107
- 18 공룡 멸종 코드 해독 작전 활동 해설지   108
- 19 공룡 되살리기 과학자 회의 활동 해설지   109
- 20 매머드 생존 복장 만들기 활동 해설지   110
- 21 멸종 미스터리 과학자 추리 회의 활동 해설지   111
- 22 나의 화석 이야기 상자 만들기 활동 해설지   112
- 23 인류 계보 퍼즐 놀이 활동 해설지   113
- 24 진화 몸 시뮬레이터 설계 활동 해설지   114
- 25 도구 진화 타임라인 만들기 활동 해설지   115
- 26 불 사용과 수명 연장 원인 찾기 활동 해설지   116
- 27 농경 마을 설계 활동 해설지   117
- 28 화석 연료 생성 지도 만들기 활동 해설지   118
- 29 나민의 시추 장비 만들기 활동 해실지   119
- 30 나만의 발전소 만들기 활동 해설지   120

『지오몽의 지구 이야기』 사용 설명서

1. 교재의 특성

■ 과학 교재를 넘어선 '생각 설계 플랫폼'

『지오몽의 지구 이야기』는 초등학생 과학 영재를 만들기 위한 STEAM 융합 사고 훈련 프로그램입니다. 과학 이론을 기반으로 현실의 문제를 구조화하고 문제 해결에 필요한 생각을 설계하도록 돕는 시스템형 학습 플랫폼입니다.

STEAM 교육은 과학(Science), 기술(Technology), 공학(Engineering), 예술(Arts), 수학(Mathematics)을 통합적으로 사고하고 문제 해결에 적용하는 접근법입니다. 단순한 교과 융합을 넘어, 복잡한 문제를 창의적으로 정의하고 해결하는 사고력과 협업 능력을 기르려는 목적이 있습니다.

인공 지능(AI) 시대에는 지식만 외우거나 과목별로 나누어 배우는 방식만으로는 대응하기 어렵습니다. 그래서 STEAM 교육은 미국, 유럽, 아시아 등 세계 여러 나라에서 빠르게 확산하고 있습니다.

『지오몽의 지구 이야기』는 이러한 시대적 흐름에 맞춰, 어린 학생들도 STEAM의 5개 영역을 자연스럽게 통합하며 사고할 수 있도록 설계했습니다. 지구의 과거, 현재, 미래를 다루는 60개 주제가 모두 독립적인 사고 과제로 구성되어 있으며, 모든 활동은 '문제 인식 → 기능 설계 → 시나리오 구성 → 설계도 작성 → 발표 → 피드백'이라는 체계적인 사고 흐름을 따릅니다.

활동지에는 설계도, 말풍선, 시나리오, 교사의 질문 등의 예시가 포함되어 있습니다. 학생들이 글쓰기의 부담 없이 생각을 구조화하여 논리적으로 표현하는 능력을 기를 수 있습니다. 이러한 구성은 하버드의 'Project Zero', MIT의 STEAM 기반 연구 프로그램, 핀란드의 PBL 교육 시스템에서도 아직 구현되지 않은 고차 사고 훈련 프레임입니다. 이 교재는 단일 수업 자료를 넘어, 학생 스스로 사고를 설계하고 표현할 수 있도록 이끄는 세계 유일의 사고 훈련 시스템입니다.

■ 사고 과정을 스스로 설계하는 학습자 중심 구조

모든 활동은 아이들이 스스로 사고의 모든 과정을 구성하도록 설계했습니다. 하나의 활동 안에서 학습자는 문제를 정의하고, 기능을 고안하며, 이야기를 만들고, 설계도를 완성한 뒤 발표하고 친구의 질문에 응답하며 피드백을 반영하는 과정을 경험합니다. 이러한 구조는 자기 사고를 시각화하고 언어로 정리하는 힘을 기르도록 돕는 훈련이기도 합니다.

초등학교 때 이러한 과정을 반복하면 자연스럽게 '문제 인식 → 해결 전략 구상 → 구조적 설명 → 피드백 수용 → 자기 사고 점검 → 표현력 강화'로 이어지는 자기 주도적 사고의 순환 과정을 내면화하게 됩니다. 나아가 "나는 지금 무엇을 해결하고 있는가, 어떻게 접근해야 하는가, 이 내용을 다른 사람에게 어떻게 설명할 수 있을까?"와 같은 메타 인지 기반의 질문으로 확장됩니다. 메타 인지는 자신이 아는 내용과 모르는 내용을 자각하고, 문제점을 스스로 찾아내 해결하며, 학습 과정을 조절하는 정신 작용을 의미합니다.

■ 누구나 수업할 수 있는 열린 구조

이 교재는 교육 전문가만을 위한 학습물이 아닙니다. 전문적이지만 쉽고 단계화된 수업 구조로 설계되어, 교사, 학부모, 교육 기관 누구나 쉽게 활용할 수 있습니다.

교사는 활동 해설지만으로도 연수 없이 정규 수업, 창의적 체험 활동, 방과후 수업을 2차시 단위로 운영할 수 있습니다. 학부모는 가정에서 아이와 함께 설계도를 그리고 말풍선을 꾸미며 발표하는 창의 놀이 수업으로 활용할 수 있습니다. 교육 기관에서는 STEAM 융합 수업, 영재 교육, 창의성 평가 수업, 프로젝트 기반 수업을 체계적으로 구성할 수 있습니다. 미술 학원이나 창의 수업 현장에서도 적용 가능합니다. 과학 이야기를 설계도로 표현하기, 설계도의 내용을 반입체로 구현하기는 단순한 조형 활동이 아니라, 사고를 시각화하는 도구로 활용되어 논리적 사고를 돕는 미술 활동과 조형적 사고 훈련으로도 확장됩니다.

■ 교재에 활동지와 활동 해설지 탑재

교재에는 교사, 학부모, 학원 강사 등 누구나 별도의 연수 없이 손쉽게 수업을 운영할 수 있도록 활동지와 활동 해설지가 제공됩니다. 활동지에는 주제별 수업 목표, 개념 설명, 기능(조건) 제시, 유도 질문, 예시 답변, AI 평가(정량 평가)가 가능한 루브릭을 제시했습니다. 해설지는 활동지와 1:1로 대응되는데, 활동 준비물과 준비물 사용 설명을 구체적으로 서술했습니다.

2. 2차시 수업 구조로 완결되는 사고 훈련

모든 활동은 2차시 수업으로 진행할 수 있도록 설계되어 있습니다. 학습자는 교재 공부를 마친 뒤 자기 생각을 시나리오로 구체화하면서 '반입체 구성+발표+피드백' 중심으로 사고를 정리할 수 있는 구조여서 글쓰기에 서툰 아이도 몰입할 수 있습니다.

차시	예시 문장	구성 활동	교육 목적
1차시	50~60분	지오몽 교재 읽기 → 개념 대화 → 기능 고안 → 시나리오 구성	과학 개념 이해+문제 해결 과정 구성
2차시	50~60분	설계도 완성 → 제작 → 발표 → 친구 질문 응답 → 평가	사고의 문자화+시각화+협력 기반 확장
수업 인원과 운영 특장점			
● 1~3인 수업 : 학생 1명에 사고 구조화 훈련과 집중 피드백 가능. 자기 주도 훈련에 최적화.			
● 4~6인 수업 : 토의·질문·피드백을 자연스럽게 구성. 발표+비판적 사고의 균형 잡힌 훈련 가능.			
● 7~12인 수업 : 역할 나누기, 팀 기반 시나리오 설계 등 협력 중심 융합 프로젝트 운영에 적합.			

3. 통일된 사고 프레임

이 교재의 강점은 주제가 달라도 사고의 과정이 통일되어 있다는 점입니다. 학습자는 어떤 내용을 배워도 '문제 인식 → 기능 설계 → 시나리오 쓰기 → 설계도 작성 → 제작 → 발표와 응답'이라는 과정을 반복적으로 훈련하게 됩니다. 모든 과정은 학생 스스로 논리적으로 구성해서 말로 설명하는 힘을 기르도록 합니다.

단계	핵심 활동 예시
문제 인식	화산이 분화하기 전에 땅 위에 어떤 변화가 나타날까?
기능 설계	온도·가스·진동을 감지하는 장치를 만드는 데 필요한 핵심 기능은 뭘까?
시나리오 구성	지진 감지 → 온도 센서 → 경보 → 불빛으로 이어지는 시나리오 쓰기
설계도 작성	기능별 위치와 연결을 화살표로 그리며, 말풍선과 색상으로 기능 설명 추가
발표와 질문 응답	왜 깃발을 가장 먼저 설치했나요? → 시작 신호가 가장 중요하니까요.

4. 통일된 AI 기반 루브릭 평가 체계

이 교재는 학생이 얼마나 논리적·창의적·기능적 사고력을 발휘하고 반입체로 시각화했는지 평가합니다. 결과물뿐 아니라 사고의 구조, 과정, 표현, 참여 태도까지 반영한 루브릭이 제시되어 있습니다. 상호 평가와 교사 평가를 모두 반영할 수 있습니다. 루브릭과 시나리오, 설계도, 결과물 사진(좌우 측면 포함), 교사 평가 등을 AI에 입력하면 정량 평가가 가능합니다.

항목	평가 기준 질문
과학 개념 이해	기능과 설명에 과학 개념이 정확히 반영되었는가?
기능 흐름 완성도	기능이 논리적으로 연결되고, 문제 해결 과정이 자연스러운가?
시각 표현력	설계도 안에 위치·연결·설명이 시각적으로 명확히 표현되었는가?
발표력	시나리오를 조리 있게 말하고, 친구의 질문에 응답했는가?
참여·협력 태도	수업에 집중하고 친구와 협력하며 피드백을 주고받았는가?

5. 누가 교재를 사용할 수 있나

이 교재는 과학·기술 중심 교과뿐 아니라 미술, 창의성, 디자인 수업 등 다양한 교육 영역에서 유연하게 활용 가능합니다. 정규 수업, 방과후 프로그램, 미술 학원, 영재 교육 기관, 가정 수업 등에서 모두 사용할 수 있습니다.

환경 유형	활용 방식 예시
정규 초등 수업	과학, 창의적 체험 활동, 통합 교과, 융합 프로젝트 수업
방과후·돌봄 프로그램	주제 중심 수업, 표현 발표 수업, 융합 창의 활동 구성
미술 학원·창의 미술	설계도 기반 표현 미술, 말풍선 구성 활동, 조형 훈련
과학·영재 교육 기관	STEAM+발표+설계+평가 융합 수업(사고·표현 통합형 훈련)
가정·홈스쿨링	활동지와 해설지 기반 자기 주도 학습, 가족과 함께하는 놀이 발표 수업
창업형 교육 기관	STEAM, AI 융합, 발명, 문제 해결 중심 교육 콘텐츠로 활용

6. 루브릭 연계된 활동지와 해설지

　이 교재는 현장에서 교사가 수업을 어떻게 운영하고 학생이 어떻게 참여할 수 있는지 안내하는 활동지와 해설지를 함께 제공합니다. 활동지는 모든 활동을 문제 제기, 기능 탐구, 설계, 제작, 발표로 이어지는 공통 구조에 맞춰 제시됩니다. 각 단계에는 교사가 활용할 수 있는 기능(또는 조건)과 시나리오 예시, 질문 예시가 함께 담겨 있습니다. 교사는 이를 바탕으로 구현할 기능 또는 조건을 더하거나 빼는 방법으로 학년 눈높이(1~6학년)에 맞춰 수업을 조정할 수 있습니다.

　학생 활동지는 해설지와 긴밀히 연결되어 있습니다. 활동지에는 문제 인식, 아이디어 기록, 설계도 작성, 제작과 발표 등 학습의 전 과정이 담겨 있는데, 평가 루브릭과 그대로 이어집니다. 예를 들어 활동지에서 설계도를 구체적으로 그린 학생은 루브릭의 '기능 구성과 흐름 완성도'의 창의성 항목에서 높은 평가를 받을 수 있고, 조별 발표 과정은 '설명력과 발표 참여' 항목과 연결됩니다. 이처럼 활동지는 학생의 사고 과정을 드러내는 기록지가 되고, 루브릭은 교사가 학습 과정을 평가하는 도구가 됩니다. 학생은 루브릭을 통해 자기 학습을 점검하고 보완 방향을 스스로 찾을 수 있습니다.

　제작 활동을 좋아하지 않는 학생들에게는 스토리만 읽히거나 활동지에 나온 내용을 그림 또는 설계도로 표현하는 방법도 있습니다. 어떤 경우에도 활동 시나리오를 글로 정리하거나 이야기로 나타내도록 하면 유익합니다.

　해설지의 준비물과 제작 방법은 하나의 예시에 불과하므로, 교사는 학급의 상황과 수업 목표에 따라 재료를 대체하거나 절차를 조정할 수 있습니다. 학생도 제시된 지침을 그대로 모방하기보다, 자신이 구상한 새로운 기능이나 구조를 추가해 변형할 수 있습니다. 따라서 동일한 활동이라도 교사와 학생의 선택과 시도에 따라 다양하게 확장되며, 수업은 획일적인 틀을 벗어나 풍부하게 전개됩니다.

　이러한 구조는 교사에게는 수업 운영의 자율성과 전문성을, 학생에게는 창의적 탐구와 자기 주도 학습의 기회를 넓혀 줍니다.

7. 마무리

　이 교재는 학생 스스로 문제를 과학적으로 인식하고, 문제 해결에 필요한 기능 설계와 기능 구현하기, 발표와 피드백에 이르기까지 일련의 과정이 담긴 사고 설계 시스템입니다. 이 교재를 활용하면 교사는 수업 설계가 쉬워지며, 학생은 생각을 정리하고 표현하는 힘을 기를 수 있습니다. 수업은 자연스럽게 창의성을 갖추게 됩니다. AI 시대에 필요한 교육은 정답 찾기 공부가 아니라, 문제를 스스로 인식하고 해결하는 사고의 구조화를 훈련하는 공부입니다.

Chapter 3

생명과 자연 2

16 먹이 사슬은 어떻게 연결되어 있을까
17 공룡은 무얼 먹고 살았을까
18 공룡은 왜 한꺼번에 사라졌을까
19 공룡을 지금 되살릴 수 있을까
20 매머드는 왜 멸종했을까(1)
21 매머드는 왜 멸종했을까(2-끝)
22 화석은 어떻게 만들어질까

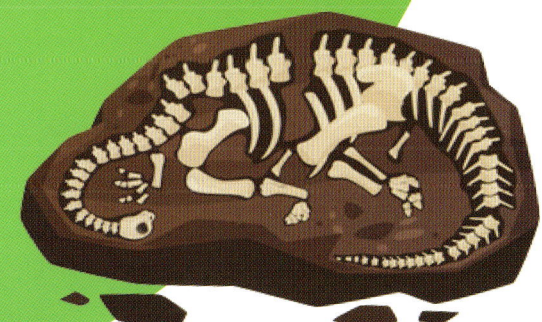

16 지오몽의 지구 이야기

주인공 **지오몽**은 '지구(Geo)의 꿈'이란 뜻입니다.

먹이 사슬은 어떻게 연결되어 있을까

먹이 사슬

먹이 사슬은 자연에서 동식물이 서로 먹고 먹히는 관계를 말해. 맨 아래 단계에는 양분을 스스로 만드는 식물(생산자)이 있어. 그 윗 단계에는 초식 동물이 있고, 그 위에는 육식 동물이 있지. 이처럼 먹이 관계가 순서대로 이어진 걸 먹이 사슬이라고 해.

그런데 자연은 훨씬 더 복잡하게 연결되어 있어. 잡식 동물은 풀도 먹고 고기도 먹으니까. 그래서 자연에선 여러 먹이 사슬이 얽힌 먹이그물이란 말이 더 잘 맞아. 사람이 숲을 없애거나 동물을 함부로 잡으면 먹이 사슬이 끊기게 되지. 윗 단계의 포식자가 사라지면 아래 동물이 늘어나 먹이 사슬의 균형이 깨지는 거야.

이런 뜻이에요
포식자 다른 동물을 잡아먹는 동물. 날카로운 이빨이나 발톱이 있으며, 사냥을 통해 먹이를 얻는다.

먹이 사슬의 균형이 깨지면 어떤 생물은 늘어나고, 어떤 생물은 멸종할 수도 있어. 이런 환경에서 동물들은 살아남기 위해 저마다의 방법을 쓰지. 흰등독수리는 혼자 먹이를 찾기보다는, 다른 독수리를 따라가거나 무리가 몰려 있는 곳을 보고 먹이가 있다는 걸 짐작해.

아델리펭귄은 먹이가 부족할 경우 새끼를 위해서는 가까운 데서 먹이를 구하고, 자기 먹이는 멀리서 구해 와. 이런 행동은 살아남기 위해 진화 과정에서 생긴 거야. 동물들은 이처럼 먹이를 찾고, 포식자에게 들키지 않거나 새끼를 지키기 위해 다양한 방법을 쓰지. 먹이 사슬에는 살아남기 위한 행동 전략이 숨겨져 있는 거야.

이런 뜻이에요
흰등독수리 등에 흰 깃털이 나 있는 맹금류. 날개를 펼치면 약 2.5미터인데, 아프리카 사하라 이남 지역에서 살며, 동물의 사체를 먹는다.
아델리펭귄 남극에 사는 펭귄. 몸길이는 약 70센티미터이며, 눈 주위에 흰 반점이 있는데, 물고기와 크릴을 잡아먹는다.

먹이 사슬이 무너지면 생태계에 나쁜 영향을 줄 수 있어. 미국 옐로스톤 국립 공원에선 1926년 사냥으로 늑대가 사라진 뒤 초식 동물이 크게 늘었어. 그 바람에 풀과 나무를 죄다 뜯어먹어서 다른 동물도 사라졌어. 그런데 1995년 늑대를 다시 풀어놓자 자연이 빠르게 회복되었지.

우리나라의 늑대도 일제 강점기(1910~45)에 해로운 동물로 여겨져 많이 사냥을 당했어. 그 결과 초식 동물이 늘어나면서 풀과 덤불이 줄어든 탓에 여우나 삵, 너구리, 부엉이 같은 중간 포식자도 함께 사라졌어. 인간의 행동은 먹이 사슬을 망가뜨리고 자연의 질서를 파괴하기도 해.

이런 뜻이에요

옐로스톤 국립 공원 미국 와이오밍주와 몬태나주, 아이다호주에 걸쳐 있는 세계 최초의 국립 공원(1872년 지정). 넓이는 8933제곱킬로미터이며, 1만 곳 넘게 온천이 있고, 회색늑대와 엘크, 들소, 회색곰 등 400여 종의 야생 동물이 산다.
삵 고양잇과에 속하는 동물. 털은 회갈색이며, 회백색 뺨에는 세 줄의 갈색 무늬가 있다. 몸길이는 45~55센티미터이다. 살쾡이라고도 하는데, 멸종 위기에 빠져 있다.
중간 포식자 먹이 사슬에서 초식 동물 위, 최상위 포식자 아래에 있는 동물. 삵, 여우, 너구리 등이 해당한다.

 호주의 철학자 발 플럼우드(1939~2008)는 1985년 악어에게 잡아먹힐 뻔했어. 그 일을 겪고 나서 사람도 먹이 사슬 안에 있구나 하고 느꼈지. 사람이 자연에서 가장 높고 특별하다는 믿음이 맞는지 반성하게 된 거야.

 플럼우드는 자연을 마음대로 쓰고, 다른 생물보다 위에 있다고 여긴 인간의 태도가 생태계 위기의 원인이라고 했어. 그는 사람도 죽으면 흙이 되고, 그 흙에서 자란 식물을 다른 동물이 먹으면서 다시 자연의 일부가 된다고 했지. 그래서 사람을 중심에 두는 생각에서 벗어나야 한다는 거야. 그렇지 않으면 자연과 함께 사는 삶은 오래가기 어려워.

사라진 늑대 재판

🌱 활동 목표
* 먹이 사슬의 구조(생산자–소비자–포식자)를 이해한다.
* 한 생물이 사라졌을 때 생태계의 균형이 어떻게 무너지는지 탐구한다.
* 동물의 생존 전략과 생태계 내의 역할을 분석한다.
* 생태계 생물의 역할을 생각하고, 자연을 지키는 방법을 이야기한다.

🌱 수업 전 배경과 개념 설명
* **먹이 사슬** 생산자 → 1차 소비자 → 2차 소비자로 이어지는 생물 간 먹고 먹히는 관계.
* **생태계 균형** 생물 수가 조화롭게 유지되는 상태. 특정 생물의 급감·급증은 전체에 영향을 준다.
* **포식자 역할** 개체 수 조절, 약한 개체 제거, 종 다양성 유지에 기여함.
* **생존 전략** 먹이 부족·포식자 회피를 위해 진화된 행동(예 : 아델리펭귄, 흰등독수리).
* **인간의 개입** 사냥·개발로 먹이 사슬이 끊어져 균형이 붕괴된 사례 존재(옐로스톤 등).

🌱 수업 활동

1) 문제 인식과 분석

도입 발문	먹이 사슬은 왜 연결되어 있을까? / 한 생물만이라도 사라지면 생태계는 어떻게 바뀔까? / 사람도 먹이 사슬 안에 있을까?
활동지 칸	옐로스톤 늑대 사건처럼, 특정 생물의 사라짐이 생태계 전체에 미치는 영향을 재구성하고, 각자 역할에서 생태계의 균형을 어떻게 회복할지 정리해서 발표해 보세요.

2) 기능 구성하기+시나리오 쓰기

• 아래 기능 중에서 늑대가 생태계에서 했던 중요 기능 3~4개를 골라 보세요. 또 내가 만든 기능 1가지를 더해, 늑대가 사라졌을 때 생태계에 어떤 일이 일어났는지 짧은 시나리오로 써 보세요.

항목	설명
개체 수 조절	늑대는 초식 동물의 수를 조절해서 다른 동식물이 살 공간을 지켜 줘요.
생태계 균형 유지	포식자가 있어야 생물 수가 균형을 이루고, 생태계가 무너지지 않게 돼요.
생물 다양성 보호	늑대는 약한 개체를 잡아먹어 생물 다양성 유지에 도움을 줄 수 있어요.
먹이 사슬 안정	늑대가 있어야 먹이 사슬이 끊기지 않고 생물들이 조화롭게 살 수 있어요.
내가 만든 기능	생물 수 변화 그래프 → 늑대가 사라진 뒤 초식 동물과 식물 수 변화를 나타낸 자료예요.
시나리오 예시	늑대가 없어지자 초식 동물이 빠르게 늘고, 식물이 점점 줄었어요. 먹이가 줄면서 작은 동물도 줄고, 생태계가 무너지기 시작했어요. 하지만 늑대가 돌아오자 초식 동물 수가 조절되고 식물도 다시 자라며, 다양한 생물이 어우러져 생태계의 균형이 잡혔어요.

3) 생태 구조 설계도 그리기

• 생물 간 먹이 사슬과 생태계의 흐름을 그림으로 표현하고, 각 생물의 역할을 말풍선이나 문장으로 설명해 보세요. 균형이 깨졌을 때의 변화도 함께 보여 주세요.

표현 예시	① 늑대 → 토끼 수 조절 ③ 풀 → 초식 동물 증가로 줄어듦	② 토끼 → 풀을 먹고 개체 수 급증 ④ 회복 → 늑대 복원 후 수 조절로 균형 회복

4) 발표와 친구 질문 응답

발표 항목	예시 문장
역할 이름	'사라진 늑대 재판'에서 늑대 역할을 맡아 발표했어요.
내가 고른 기능	개체 수 조절, 생태계 균형 유지, 생물 다양성 보호, 먹이 사슬 안정 기능을 골랐어요.
내가 만든 기능	생물 수 변화 그래프를 넣었어요. 늑대가 사라졌을 때 생물 수의 변화를 보여 줘요.
시나리오 요약	늑대가 사라지자 초식 동물이 늘고 식물이 줄었어요. 늑대가 돌아오자 균형이 잡혔어요.
친구 질문과 응답	늑대가 왜 해로운 동물로 여겨졌나요? → 농작물 피해로 오해가 생겼어요.

🌱 교사용 지도 포인트

단계	유도 질문 예시
문제 인식	먹이 사슬은 왜 순서대로 연결되어 있나? / 한 종이 사라지면 무엇이 바뀌나?
기능 구성	늑대는 어떤 역할을 했을까? / 그 역할이 없어진 게 생태계에 어떤 영향을 줬나?
내가 만든 기능	생태계 변화를 어떤 자료로 보여 줄까? / 내가 만든 기능은 왜 도움이 될까?
시나리오 구성	생태계에 어떤 일이 일어났을까? / 다시 회복되려면 어떤 변화가 필요할까?
발표 유도	네 역할에서 가장 중요했던 것은 무엇이었을까? / 친구의 생물과 비교해 어떤 점이 달랐나?

🌱 사라진 늑대 재판 STEAM 활동 평가 루브릭

평가 항목	평가 루브릭			
	5점(매우 우수)	4점(우수)	3점(보통)	2점 이하(미흡)
과학 개념 이해(먹이 사슬, 생태계 균형, 포식자 역할, 생물 다양성)	먹이 사슬, 포식자 역할, 생물 상호작용을 이해하고, 발표와 시나리오에 잘 반영함. 변화의 원인과 결과도 과학적으로 설명함	주요 개념이 발표와 설명에 드러나 있고, 생태계 변화도 설명할 수 있음	개념은 일부 드러났지만 연결이 약하고, 설명이 반복되거나 관계가 부족함	개념이 거의 드러나지 않거나 오해되어 설명이 틀리고 흐름도 어지러움
기능 구성과 흐름 완성도(기능 선택+내가 만든 기능+생태 연결+창의적 설계)	맡은 역할의 기능과 생태계 내 위치를 논리적으로 설명하고, 구조 변화 흐름도 자연스럽게 이어짐. 내가 만든 기능도 창의적으로 표현됨	생물의 역할과 변화 과정이 연결되고, 만든 기능도 포함되며 창의성도 드러남	기능 설명은 있으나 연결이 부족하고, 내가 만든 기능 설명도 일반적임	역할 기능이 나열되고, 내가 만든 기능과 창의성이 거의 없음
시각 표현과 설계도 완성도(생태 구조, 기능 위치, 흐름 연결, 표현 방식)	먹이 사슬 흐름과 생태계 변화 구조가 시각적으로 명확하게 표현되어 있으며, 말풍선·설명·기호 등 시각 요소도 완성도 높게 구성됨	구조와 설명이 대부분 적절히 연결되어 있고, 시각 요소도 비교적 잘 표현됨	일부 그림과 설명이 부족하며, 내용 전개가 단조롭고 기능의 위치도 모호	그림만 있고 설명이 없거나 흐름이 드러나지 않으며, 시각 표현도 부족함
설명력과 발표 참여(시나리오 설명+친구 질문 응답)	발표가 시나리오 흐름을 따라 조리 있고 자연스럽게 이어지며, 친구 질문에도 논리적이고 과학적 근거를 담아 응답함. 발표 태도도 적극적임	발표 흐름이 자연스럽고 전달이 명확하며, 질문에도 대부분 잘 응답함	설명이 짧거나 핵심 내용이 부족하고, 질문 응답도 다소 소극적임	발표가 단편적이고 읽는 수준에 머물렀으며, 질문에 대한 응답도 부족함
참여 태도와 협력성(활동 집중도+친구와의 협력)	역할극, 발표, 시나리오에 몰입하고, 친구와 상호작용과 피드백에도 활발히 참여함. 협업 태도도 모범적임	활동에 성실히 참여하고 역할을 수행하며, 친구와 잘 소통함	활동에는 참여했지만 설계나 협력이 소극적으로 드러남	활동이 수동적이고 협력과 발표, 역할이 미흡

※총점 기준 해석표(총 25점)
★23~25점 : 매우 우수 ★19~22점 : 우수 ★15~18점 : 보통 ★10~14점 : 미흡 ★1~9점 : 매우 미흡

지오몽의 지구 이야기

주인공 **지오몽**은 '지구(Geo)의 꿈'이란 뜻입니다.

공룡은 무얼 먹고 살았을까

어, 저게 뭐지?

1955년 어느 날, 캐나다 서스캐처원 주 남서쪽 지방의 날씨는 아주 맑았어. 함께 연구하던 과학자들이 티라노사우루스의 화석이 발견된 곳을 산책하고 있었지. 과학자 가운데 한 명이 단단한 진흙층 속에서 허옇고 둥그렇게 생긴 물체가 조금씩 부서지는 모습을 발견하고 소리쳤어.

진흙층을 파서 꺼내 보니 길이는 45센티미터에 지름은 16센티미터, 무게는 7킬로그램쯤 되는 원통 모양의 물체가 나왔어. 과학자들은 연구실로 가져와 칼로 치즈처럼 얇게 잘라 냈지. 그리고 현미경으로 보았더니 어느 정도 소화된 뼛조각들이 나온 거야.

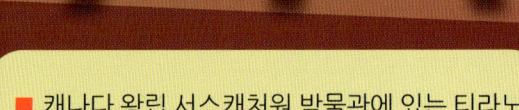
■ 캐나다 왕립 서스캐처원 박물관에 있는 티라노사우루스의 똥 화석.

와우! 그 물체의 정체는 공룡의 똥 화석이었지 뭐야. 지금까지 발견된 똥 화석 중 크기가 가장 컸어.

과학자들은 서둘러 똥 화석에서 나온 뼛조각들을 분석했어. 그랬더니 어린 초식 공룡의 뼈였던 거야. 이제 눈치를 챘겠지? 똥 화석의 주인공은 육식 공룡인데, 어린 초식 공룡을 뼈째로 씹어 삼키고 응가한 걸 말이야.

과학자들은 똥 화석의 주인공을 티라노사우루스로 짐작했어. 육식 공룡 가운데 그만한 크기의 똥을 싸려면 덩치 큰 티라노사우루스밖에 없거든. 똥 화석 덕분에 6600만 년 전의 공룡이 무얼 먹고 살았는지 알 수 있었지.

■ 소철. 높이는 3미터쯤 된다.

동물의 똥 화석을 연구하면 이처럼 먼 옛날에 살던 동물이 무엇을 먹었는지 알 수 있지. 육식 동물의 경우 잡아먹은 동물의 뼈나 비늘까지 나온대. 초식 동물에게선 씨앗도 나오는데, 주로 똥의 성분을 분석해 어떤 식물을 먹었는지 알 수 있지. 초식 공룡은 그때까지 풀이 지구에 없어서 소철이나 베네티테스 등 단단한 침엽수 잎만 먹었다고 알려져 있었어.

그런데 2005년 인도의 연구팀이 6600만 년 전 초식 공룡의 똥 화석을 분석해 5종류가 넘는 풀을 먹었다는 사실을 알아냈어. 똥 화석 덕분에 풀이 지구에 언제쯤 나타났는지도 알게 되었지.

■ 베네티테스를 상상한 그림. 베네티테스는 공룡 시대까지만 지구에 살았고, 화석으로만 발견된다.

■ 미국 워싱턴 D.C.에 있는 미국 국립 자연사 박물관에 전시된 동물의 똥 화석들.

그런데 똥 화석은 뼈 화석보다 발견하기 무척 어렵대. 똥이 뼈처럼 단단하지 않고, 빨리 썩으며, 비가 오면 쓸려 나가기 때문이지.

벌레나 곤충이 흩어 놓기도 한대. 실제로 초식 공룡의 똥 화석에는 어른 손가락 크기의 구멍이 숭숭 뚫려 있기도 해. 이 구멍은 오늘날의 쇠똥구리처럼 곤충들이 똥을 떼어 낸 자국이야. 이들 곤충은 똥을 굴려 둥그렇게 만든 뒤 새끼를 키우는 곳으로 옮기지. 그럼 알에서 나온 새끼들이 먹고 자란단 말이야. 자, 지오몽이 수수께끼를 내 볼게. 100만 년 뒤 내 똥이 화석으로 발견된다면 과학자들은 거기서 무엇을 알아낼까?

활동 | 공룡 똥 화석 탐정단

🌱 활동 목표
* 공룡의 똥 화석 속 단서를 보고 무엇을 먹었는지 추리한다.
* 초식 공룡과 육식 공룡의 똥 화석을 비교하여 먹이의 차이를 알아본다.
* 화석 속 정보를 바탕으로 과거 생태계를 상상하고 표현한다.
* 똥 화석의 단면을 관찰하고, 관찰 결과를 도식이나 그림으로 정리해 발표한다.

🌱 수업 전 배경과 개념 설명
* **화석** 오랜 시간이 지나 땅속에 굳어 남은 생물의 뼈, 발자국, 배설물 등의 흔적.
* **똥 화석** 과거 동물의 배설물이 굳어져 만들어진 화석. 먹이 정보가 남아 있다.
* **초식 / 육식** 공룡 먹이에 따라 풀을 먹는 공룡과 고기를 먹는 공룡으로 나뉨.
* **단면 관찰** 화석의 속을 얇게 잘라 안에 든 성분을 관찰하는 방법.
* **과학적 추론** 관찰한 정보를 바탕으로 그 원인과 결과를 생각해 보는 과정.

🌱 수업 활동

1) 문제 인식과 분석

도입 발문	공룡이 무엇을 먹었는지 어떻게 알 수 있을까요? / 뼈가 아닌 똥을 보고도 알 수 있다면, 어떤 흔적이 숨어 있을까요? / 공룡 탐정이라면 똥 화석에서 가장 먼저 어떤 단서를 찾고 싶나요?
활동지 칸	이 활동은 공룡의 똥 화석을 보고 먹이를 알아보는 활동입니다. 씨앗, 뼛조각, 잎사귀 등을 통해 공룡의 식성을 알아보고, 초식 공룡과 육식 공룡의 차이도 비교합니다.

2) 먹이 단서 구성하기+시나리오 쓰기

• 아래 똥 화석 단면 중 3~4개를 선택하고, 그 안에 있는 단서와 그 단서를 통해 알 수 있는 먹이의 종류를 적어 보세요. 내가 만든 새로운 단서 1개도 추가하고, 어떤 공룡의 똥인지 추리해 보세요.

항목	설명
뼛조각	갈비뼈처럼 얇고 하얀 조각이에요. 동물의 뼈가 소화되지 않고 남은 거예요.
식물 줄기	마디가 있고 속이 빈 식물 조직이에요. 풀이나 고사리를 먹었다는 뜻이에요.
씨앗 껍질	단단하고 둥근 껍질이에요. 열매나 씨앗을 먹은 흔적일 수 있어요.
비늘 조각	납작하고 번들거리는 파충류 비늘이에요. 물고기나 작은 파충류를 먹었을 수 있어요.
내가 만든 단서	곤충 날개 → 똥 속에 작은 곤충의 날개 조각이 섞여 있어요.
시나리오 예시	이 화석에는 뼛조각과 비늘, 곤충 날개 조각이 함께 있었어요. 고기뿐 아니라 곤충까지 먹은 흔적이에요. 티라노사우루스처럼 작은 공룡과 곤충을 통째로 삼킨 육식 공룡의 똥 화석인 것 같아요. 다양한 단서를 통해 공룡의 식성을 더 정확히 알 수 있었어요.

3) 화석 단면 설계도 그리기

• 똥 화석의 단면을 상상해 그리고, 각 단서의 위치와 모양을 자세히 표현하세요. 말풍선을 달아 단서의 이름과 그 의미를 적고, 내가 만든 단서는 색이나 선으로 눈에 띄게 강조해 주세요.

표현 예시	① 뼛조각(고기를 먹은 흔적이에요.)　　② 식물 줄기(질긴 풀을 먹었어요.) ③ 씨앗 껍질(열매나 식물 씨앗이 들어 있어요.)　　④ 내가 만든 단서 – 곤충 날개(벌레도 먹었나 봐요.)

4) 발표와 친구 질문 응답

발표 항목	예시 문장
화석 탐정단 이름	저는 '공룡 먹이 추적 회의'의 조사원이었어요.
내가 고른 단서	뼛조각, 식물 줄기, 씨앗 껍질, 비늘 조각을 발견했어요.
내가 만든 단서	곤충 날개 조각이에요. 날아다니는 작은 곤충도 먹은 것 같아요.
시나리오 요약	육식 공룡이 작은 공룡과 곤충을 통째로 삼켜 남긴 똥 화석이라고 판단했어요.
친구 질문과 응답	비늘 조각은 우연히 섞인 걸까요? → 아니요, 뼛조각과 함께 있어서 먹은 거라고 생각했어요.

🌱 교사용 지도 포인트

단계	유도 질문 예시
문제 인식	공룡이 무엇을 먹었는지 어떻게 알 수 있을까? / 왜 뼈 대신 똥을 보는 걸까?
단서 구성	이 조각은 어떤 단서야? / 어떤 먹이와 연결돼?
내가 만든 단서	너만의 단서는 뭐였니? / 그걸 통해 어떤 먹이를 추리했어?
시나리오 구성	이 공룡은 무엇을 먹고 어떤 상황에서 똥을 쌌을까? / 그걸 어떻게 이야기로 만들었니?
발표 유도	친구의 추리와 너의 생각은 어떤 점이 같았니? / 다른 점은 뭐였니?

🌱 공룡 똥 화석 탐정단 STEAM 활동 평가 루브릭

평가 항목	평가 루브릭			
	5점(매우 우수)	4점(우수)	3점(보통)	2점 이하(미흡)
과학 개념 이해(화석, 먹이, 식성, 단면 관찰)	똥 화석과 먹이의 관계를 정확하게 이해하고, 자신이 선택한 단서들을 해석해서 추론 과정에 자연스럽게 반영함	과학 개념이 대부분 단서의 설명이나 이야기에 잘 드러나 있어서 이해하기 쉬움	과학 개념이 조금은 드러났지만 설명이 짧으며 연결이 다소 약하게 나타남	개념이 전혀 보이지 않거나 단서와 어긋나 의미 전달이 매우 힘듦
단서 구성과 흐름 완성도(단서 구성+내가 만든 단서+먹이 추리 흐름+창의적 설계)	단서 4개 이상이 논리적으로 연결되고, 내가 만든 단서가 창의적으로 설계되어 추리에 아주 적절하게 반영됨	단서가 대부분 자연스럽게 연결되고, 만든 단서도 포함되어 내용에 잘 반영됨	단서는 있으나 연결이 단편적이고, 내가 만든 단서 설명이 부족하거나 반복됨	단서 나열 수준이며, 내가 만든 단서가 없거나 창의성이 드러나지 않음
시각 표현과 설계도 완성도(단서 위치, 말풍선 구성, 색 구분, 관찰 표현)	설계도에 단서의 구조와 위치, 설명이 명확하게 표현되었고, 말풍선과 색 구분 등 시각적 요소들도 완성도 높게 구성됨	시각 요소가 대부분 적절하게 표현되어 있고, 구조도 비교적 명확하게 제시됨	그림 또는 설명이 일부 부족하거나, 단서의 배열과 연결이 나타내는 정부가 모호함	그림만 있고 설명이 없거나, 단서 배열과 전개가 안 보여 이해가 어려움
설명력과 발표 참여(시나리오 설명+친구 질문 응답)	발표 흐름이 조리 있고, 단서 설명과 먹이 추리가 자연스럽게 이어지며 친구 질문에 창의적·논리적으로 응답함	발표 내용이 비교적 충실하고, 질문 응답도 대부분 자연스럽게 이루어짐	설명이 짧거나 핵심이 빠짐. 친구의 질문에도 답이 부족하거나 자신 없이 응답함	발표와 설명이 단편적이고, 친구의 질문에도 응답하지 못하거나 동문서답함
참여 태도와 협력성(활동 집중도+친구와의 협력)	활동에 몰입하며 설계를 끝까지 성실히 완성하고, 친구와의 피드백과 협력도 활발히 이루어짐	대부분의 시간에 성실히 참여하고 친구와 협력도 잘함	활동엔 참여했지만 단서 제시와 협력·피드백이 모두 미흡함	활동이 수동적이며, 협력·소통·완성도가 모두 낮음

※총점 기준 해석표(총 25점)
★23~25점 : 매우 우수 ★19~22점 : 우수 ★15~18점 : 보통 ★10~14점 : 미흡 ★1~9점 : 매우 미흡

18 지오몽의 지구 이야기

주인공 **지오몽**은 '지구(Geo)의 꿈'이란 뜻입니다.

공룡은 왜 한꺼번에 사라졌을까

우르릉 콰앙! 6600만 년 전의 일이었어. 하늘에서 갑자기 거대한 불덩이가 나타나더니 번쩍하는 순간에 땅으로 떨어졌지. 무지하게 큰 소리가 나면서 지구 전체가 충격을 받았어. 원자폭탄이 터졌을 때처럼 하늘 꼭대기로 엄청난 먼지 기둥이 치솟았지. 그때부터 하늘은 먹구름에 가린 것처럼 어두워졌어.

불덩어리가 떨어진 곳은 지금의 멕시코 동남쪽에 있는 유카탄 반도야. 대서양을 향해 툭 튀어 나온 땅이지. 태평양을 향해 튀어나온 한반도처럼 말이야. 땅으로 떨어진 물체는 지름이 10킬로미터나 되는 소행성이었어. 한라산 5개를 눕힌 크기지. 무게는 상상에 맡길게.

지금도 그때 충돌로 생긴 거대한 구덩이(칙술루브 충돌 구덩이)가 남아 있어. 지름이 180킬로미터가 넘고, 깊이는 약 20킬로미터까지 파였어. 구덩이는 땅에서 시작해 반쯤은 바다 밑으로 뻗어 있어. 1996년에 나사(미국 항공우주국)가 인공위성을 이용해 정확한 크기를 알아냈지.

그러니 지구가 받은 충격이 얼마나 컸겠어. 제2차 세계 대전 때인 1945년에 미국이 일본에 떨어뜨린 원자폭탄보다 위력이 크게는 45억 배나 된다지 뭐야. 그 충격 탓에 지구에 살던 동식물 넷 가운데 셋은 사라졌어. 물속 동물은 피해가 덜했지만 육지 동물은 거의 멸종했지.

■ 칙술루브 충돌 구덩이를 상상해서 그린 그림.

문제는 1억 6500만 년 동안 지구의 주인 노릇을 하던 공룡이 그때 멸종했다는 거야. 지오몽도 왜 그 큰 덩치들이 한꺼번에 사라졌는지 무척 궁금했거든.

거대한 천체가 지구와 충돌하는 순간을 상상해 봐. 곳곳에서 걷잡을 수 없이 불이 타오르고, 대지진이 일어났겠지. 지진 때문에 산 같은 파도가 육지로 밀려들었을 것이고 말이야. 천체가 충돌한 지구 반대쪽에서는 화산이 폭발하면서 불도 나고 유독 가스가 많이 나왔을 거야. 그러니 이곳저곳에서 많은 동식물이 불에 타서 죽거나 물에 잠겨 죽었을 테지. 유독 가스에 중독되어 죽은 동물은 얼마나 많을까.

 그렇다고 공룡이 모두 죽지는 않았겠지. 하늘로 올라간 먼지 구름이 문제였어. 오랫동안 햇빛을 막아 기온이 확 떨어진 거야. 얼어 죽거나 풀이 사라져 굶어 죽은 공룡이 많다는 뜻이지. 공룡이 살던 때는 지금보다 기온이 5~10도나 높아 무척 더웠어. 그때 공룡처럼 큰 동물은 온도가 떨어지면 적응하는 능력이 없었대.

 과학자들이 슈퍼컴퓨터로 실험해 보니 천체가 충돌한 뒤 얼마 되지 않아 먼지 구름이 온 지구를 덮었어. 충돌 후 약 1~3년 안에 기온이 10도 이상 떨어졌고, 극심한 추위가 5년 넘게 지속되었어. 공룡의 멸종 이야기는 무척 많은데, 이것이 가장 최근에 나온 거야.

공룡 멸종 코드 해독 작전

🌱 활동 목표
* 공룡이 왜 사라졌는지 여러 가지 이유를 알아보고 생각해 본다.
* 멸종의 여러 원인을 비교해서 내가 생각하는 중요한 이유를 말해 본다.
* 소행성이 떨어진 뒤 지구에 어떤 일이 일어났는지 이야기로 꾸며 본다.
* 날씨가 변하고 생물이 사라지는 과정을 그림이나 말풍선으로 표현하고 발표해 본다.

🌱 수업 전 배경과 개념 설명
* **소행성 충돌** 약 6600만 년 전 거대한 소행성이 지구에 부딪혀 발생한 사건.
* **멸종** 어떤 생물이 지구에서 완전히 사라지는 현상.
* **먼지 구름** 충돌 후 하늘로 퍼진 먼지가 햇빛을 가려 지구의 기온을 떨어뜨림.
* **기후 변화** 대기의 상태 변화로 온도, 날씨, 생태계에 영향을 미침.
* **생태계 파괴** 하나의 변화로 여러 동식물이 연쇄적으로 살아가기 어려워지는 현상.

🌱 수업 활동

1) 문제 인식과 분석

도입 발문	공룡은 왜 갑자기 모두 사라졌을까요? / 소행성 충돌이 지구에 어떤 변화를 가져왔을까요? / 공룡이 멸종하지 않았다면, 지금 지구는 어떻게 달라졌을까요?
활동지 칸	공룡이 왜 멸종했는지 살펴보고, 어떤 일들이 일어났는지 생각해 보세요. 여러 가지 원인과 내가 만든 새로운 이유를 바탕으로, 공룡이 사라진 이야기를 만들어 보세요.

2) 멸종 원인 구성하기+시나리오 쓰기

• 아래 멸종 원인 중 3~4개를 선택하고, 각 원인이 공룡에게 어떤 영향을 주었는지 적어 보세요. 내가 만든 새로운 멸종 원인 1개도 추가하고, 그 상황을 시나리오 문장으로 구성해 보세요.

항목	설명
소행성 충돌	거대한 소행성이 지구에 부딪혀 강력한 폭발과 충격파를 일으켜요.
기온 급강하	충돌로 발생한 먼지와 파편이 햇빛을 차단해 지구 기온이 급격히 떨어져요.
식량 고갈	식물이 죽어 초식 동물이 굶주리고, 이를 먹던 육식 동물도 차례로 사라져요.
대기 오염	충돌과 화산 활동으로 대기에 유독 가스가 퍼져 생물이 호흡하기 힘들어져요.
내가 만든 원인	바닷물 온도 급하강 → 해양 생물이 대거 사라지고, 먹이 사슬 회복이 늦어져요.
시나리오 예시	소행성이 지구에 부딪혀 먼지와 파편이 햇빛을 가리자 기온이 급격히 내려갔어요. 식물이 죽어 먹이를 잃은 초식 동물과 육식 동물이 차례로 사라졌어요. 충돌과 화산 활동은 대기를 오염시켜 생물의 호흡을 어렵게 했고, 바닷물 온도까지 급격히 내려가 해양 생물도 거의 멸종했어요.

3) 멸종 상황 설계도 그리기

• 공룡 멸종 당시 지구의 변화를 그림으로 표현해 보세요. 사건을 순서대로 화살표로 잇거나 말풍선을 달아 설명해 보세요. 내가 만든 멸종 원인은 색이나 선에 변화를 주어 눈에 띄게 나타내 보세요.

표현 예시	① 소행성 충돌(땅이 크게 갈라져요.) ② 먼지구름(햇빛이 들어오지 않아요.) ③ 기온 급강하(날씨가 갑자기 추워져요.) ④ 식물의 죽음(잎이 시들고 말라요.) ⑤ 내가 만든 요인 – 바다 온도 뚝 떨어짐(물고기도 죽어요.) ⑥ 대기 오염(숨쉬기 힘들어요.)

4) 발표와 친구 질문 응답

발표 항목	예시 문장
작전 이름	'공룡 멸종 코드 해독 작전'을 진행했어요.
내가 고른 원인	소행성 충돌, 기온 급강하, 식량 고갈, 대기 오염을 골랐어요.
내가 만든 원인	'바닷물 온도 급하강'을 추가했어요.
시나리오 요약	먼지로 햇빛이 가려져 기온이 떨어졌고, 공룡들이 추위를 못 견뎌 멸종했어요.
친구 질문과 응답	왜 먼지구름이 햇빛을 막나요? → 먼지가 두껍게 퍼지면 햇빛이 통과하지 못해요.

🌱 교사용 지도 포인트

단계	유도 질문 예시
문제 인식	공룡은 왜 갑자기 사라졌을까? / 멸종이 한순간에 이뤄질 수 있을까?
원인 구성	소행성 충돌 뒤 어떤 일이 생겼을까? / 먼지는 왜 햇빛을 막았을까?
내가 만든 원인	네가 만든 원인은 뭐였니? / 그게 실제로도 가능할까?
시나리오 구성	만든 이야기를 차례대로 말해 볼래? / 변화 순서를 설명해 볼까?
발표 유도	너의 이야기는 어떤 점이 새로웠니? / 친구들과 다른 점이 있었니?

🌱 공룡 멸종 코드 해독 작전 STEAM 활동 평가 루브릭

평가 항목	평가 루브릭			
	5점(매우 우수)	4점(우수)	3점(보통)	2점 이하(미흡)
과학 개념 이해(소행성 충돌, 기후 변화, 생태계 변화, 먼지구름)	멸종 원인과 그 영향(충돌, 먼지, 기온 변화 등)을 정확히 이해하고, 시나리오와 설계에 자연스럽게 반영함	개념이 대부분 표현되고, 멸종의 원인과 결과가 비교적 잘 연결되어 있음	개념이 일부 드러나긴 했지만, 연결이 단편적이거나 설명이 불명확하게 이어짐	개념이 거의 드러나지 않거나, 활동 내용과 따로 놀아 의미 전달이 어려움
원인 구성과 흐름 완성도(원인 구성+내가 만든 원인+변화 과정 연결+창의적 설계)	원인 4개 이상이 논리적으로 연결되고, 내가 만든 요인이 창의적으로 설계되어 시나리오 흐름에도 잘 반영됨	원인 3개 이상이 자연스럽게 연결되고, 내가 만든 요인도 포함됨	원인 연결이 단편적이고, 내가 만든 요인의 설명이 부족하거나 반복됨	원인이 단순 나열되고, 내가 만든 요인이 없거나 창의성이 드러나지 않음
시각 표현과 설계도 완성도(변화 순서, 말풍선, 색 구분, 위치 배치)	설계도에 멸종 과정이 순서와 흐름에 따라 명확히 표현되고, 말풍선·색 구분 등 시각 요소도 완성도 높게 구성됨	대부분의 요소가 적절하게 표현되어 있고, 구조도 비교적 명확함	그림 또는 설명 일부가 부족하거나, 기능이나 순서의 구분이 모호하게 표현됨	그림만 있고 설명이 거의 없으며, 전체적인 변화의 과정이 잘 드러나지 않음
설명력과 발표 참여(시나리오 설명+친구 질문 응답)	발표가 조리 있고, 시나리오와 멸종 원인 설명이 자연스럽게 이어지며 친구 질문에 창의적·논리적으로 응답함	발표 내용이 비교적 충실하고, 질문 응답도 대부분 자연스럽게 이루어짐	설명이 짧거나 핵심이 빠짐. 친구 질문에 답변이 부족하거나 자신감이 없음	발표와 설명이 단편적이고, 친구의 질문에도 응답하지 못하거나 동문서답함
참여 태도와 협력성(활동 집중도+친구와의 협력)	활동에 몰입해 분석과 설계를 성실히 완성하고, 친구와 피드백과 협력도 잘 이루어짐	대부분 성실히 참여하고, 친구와 협력도 잘 이루어짐	활동에는 참여했지만 협력이나 피드백이 다소 소극적임	활동 참여가 수동적이며, 협력·소통·활동 완성도가 모두 낮음

※총점 기준 해석표(총 25점)
★23~25점 : 매우 우수 ★19~22점 : 우수 ★15~18점 : 보통 ★10~14점 : 미흡 ★1~9점 : 매우 미흡

19 공룡을 지금 되살릴 수 있을까

지오몽의 지구 이야기 주인공 **지오몽**은 '지구(Geo)의 꿈'이란 뜻입니다.

미국의 영화 감독 스티븐 스필버그가 만든 '쥬라기 공원'을 본 적이 있니? 보지 않았다면 엄마에게 졸라 봐. 시리즈로 나와 있으니까.

이 이야기를 읽은 뒤 보면 더 실감 날 거야. 쥐라기(쥬라기)란 말은 약 1억 9960만 년 전부터 1억 4550만 년 전까지 약 5510만 년의 기간을 말해. 진짜 오래전 일이지.

영화에는 브라키오사우루스라는 공룡이 나올 거야. 몸집이 무지하게 크고, 목이 무척 길지. 다 자라면 몸길이가 약 22미터에, 몸무게는 50톤 가까이 나가고, 목의 길이는 9미터쯤 된대.

지금 지구에서 가장 키가 큰 동물은 기린이지. 기린은 아주 큰 수컷도 발굽에서 뿔 끝까지 5.5미터이고, 몸무게는 2톤이래. 그러니 브라키오사우루스가 얼마나 큰지 짐작하겠지?

브라키오사우루스는 나뭇잎을 먹고 사는 초식 공룡이야. 덩치가 크니까 하루에 수백 킬로그램에서 많게는 1톤 가까이 나뭇잎을 먹었대. 턱은 작으며, 이빨은 가늘고 숟가락처럼 생겨서 잎사귀를 모아 훑어 먹기에 알맞았어. 키가 크니까 높은 나무의 잎사귀도 쉽게 먹을 수 있었던 거지.

■ 브라키오사우루스는 기린보다 키가 4.5배 크고, 몸무게는 25배 무거웠다.

발은 거대한 몸집을 떠받칠 수 있도록 코끼리를 닮았대. 꼬리는 길고 강력해서 육식 공룡이 덤비면 휘둘러서 쫓아냈다네. 그런데 브라키오사우루스의 모습은 어떻게 알 수 있을까? 공룡이 지구에서 모두 사라진 건 6600만 년 전 일인데 말이야. 옛 생물의 뼈 화석을 가지고 컴퓨터로 살을 붙여 만드는 거야.

여기서 알아야 할 게 있어. 쥬라기 공원에 나오는 브라키오사우루스는 옛날 공룡을 되살려 풀어 놓은 거잖아. 어떻게 되살린 걸까?

■ 브라키오사우루스의 화석.

■ 호박 화석에 갇힌 모기. 호박은 보석의 원료로 쓰인다.

바로 호박 화석에 갇힌 암컷 모기의 피에서 브라키오사우루스의 유전자를 뽑아 되살린 거야. 그 모기가 공룡의 피를 빨았던 거지. 호박은 소나무나 잣나무에서 나온 송진이 땅에 파묻혀 수천 년 넘게 굳어진 거야. 그리고 유전자가 뭐냐면 생물의 생긴 모습이나 성질 등이 담겨 있는 정보야. 생물을 만드는 데 필요한 설계도라고 보면 돼.

그럼 정말 영화처럼 유전자를 가지고 공룡을 되살릴 수 있을까? 과학자들은 어렵다고 해. 유전자를 아무리 잘 보존해도 100만 년이 넘으면 못쓰게 된다는 거야. 그러니 영화 내용을 다 믿으면 안 되겠지.

공룡 되살리기 과학자 회의

🌱 활동 목표
* 공룡을 되살리는 아이디어가 과학적으로 가능한지 판단해 본다.
* 유전자, 화석, 생명 정보의 역할을 쉽게 이해하고 설명할 수 있다.
* 영화 속 공룡 부활 이야기와 실제 과학의 차이를 구별해 본다.
* 공룡을 되살리는 나만의 계획을 상상하고 설계해 친구들과 공유한다.

🌱 수업 전 배경과 개념 설명
* **유전자(DNA)** 생물의 생김새, 성질 등을 정해 주는 생명 정보. 일종의 설계도이다.
* **화석** 오랜 세월 땅속에서 굳어 남은 생물의 뼈, 발자국, 모양 등.
* **생명 복제** 유전 정보를 바탕으로 생물을 복사해 다시 만드는 기술.
* **쥬라기 공원** 공룡을 되살리는 상상을 다룬 영화. 실제 과학과 다른 점이 있다.
* **과학적 한계** 어떤 기술이 이론으론 가능해 보여도 실제로는 어려운 점이 있음.

🌱 수업 활동

1) 문제 인식과 분석

도입 발문	영화처럼 공룡을 진짜 다시 만들 수 있을까? / 공룡을 되살린다면 어떤 문제가 생길 수 있을까? / 공룡의 유전자는 지금도 남아 있을까?
활동지 칸	이 활동은 공룡을 되살릴 수 있을지 과학자처럼 판단하고, DNA와 화석에 대해 배우며, 나만의 공룡 되살리기 계획을 세우고 발표하는 활동입니다.

2) 생명 정보 구성하기+시나리오 쓰기

* DNA, 화석, 생명 정보 등에 대한 단서를 아래에서 3~4개 선택하고, 공룡을 되살리기 위해 어떤 방식이 가능할지 정리해 보세요. 내가 만든 단서 1개도 추가하고, 되살린 공룡이 어떤 세상에서 살아가는지 시나리오로 써 보세요.

항목	설명
화석 뼈	공룡의 생김새와 골격 구조를 알 수 있어요. 복원할 뼈 형태를 만드는 데 쓰여요.
호박 속 모기	공룡의 피에서 일부 DNA를 얻었어요. 완전하지 않아 복원에 한계가 있어요.
성질 조절 유전자	공격성을 낮추기 위해 유전자 일부를 조절해 사람이 다치지 않도록 했어요.
환경 반응 유전자	공룡이 따뜻한 환경에서만 활동하게 유전자를 조절했어요. 활동 범위를 제한할 수 있어요.
내가 만든 단서	공룡 알 → 알껍질에서 미세한 DNA 조각이 발견되어 복원에 추가 자료로 쓰였어요.
시나리오 예시	과학자들은 호박에 갇힌 모기에서 공룡의 DNA 일부를 얻었고, 공룡 알껍질에서도 약간의 조직을 발견했어요. 완전한 복원은 어려워 개구리 DNA를 섞었죠. 되살린 공룡은 원래 공룡과는 조금 달라졌고, 사람과 함께 살기엔 위험해 격리된 공간에서 지켜보게 되었어요.

3) 공룡 복원 설계도 그리기

* 내가 상상한 복원된 공룡을 그림으로 표현해 보세요. 뼈, DNA, 화석 모양 중 활용한 정보를 말풍선에 설명해 보세요. 내가 만든 단서는 색이나 선 모양을 다르게 그려 구별해 보세요.

표현 예시	① 뼈 복원 구조(화석 뼈를 바탕으로 몸 구조를 만들었어요.) ② 유전자 조각(DNA 일부는 다른 동물과 섞여 있어요.) ③ 성질 조절 유전자(공룡이 사람을 공격하지 않도록 만들었어요.) ④ 환경 반응 유전자(공룡이 따뜻한 곳에서만 살도록 조절했어요.)

4) 발표와 친구 질문 응답

발표 항목	예시 문장
회의 이름	'공룡 복원 실현 회의'를 열었어요.
내가 고른 단서	화석 뼈, 호박 속 모기, 성질 조절 유전자, 환경 반응 유전자를 선택했어요.
내가 만든 단서	공룡 알 껍질에서 DNA 일부를 발견해 복원 자료로 썼어요.
시나리오 요약	되살린 공룡은 따뜻한 숲에서만 살고, 공격성이 낮아 사람이 안전하게 관찰할 수 있었어요.
친구 질문과 응답	공룡 알에서 DNA가 나와요? → 완전하진 않지만 일부 조직이 남아 있어요.

🌱 교사용 지도 포인트

단계	유도 질문 예시
문제 인식	공룡을 되살릴 수 있을까? / 왜 그렇게 생각했니?
단서 구성	어떤 정보가 필요할까? / 그게 왜 중요할까?
내가 만든 단서	너만의 단서는 뭐였니? / 어떤 점이 새로웠니?
시나리오 구성	공룡은 어디서 살게 했니? / 사람들과 잘 지낼 수 있을까?
발표 유도	너와 친구의 방법에서 뭐가 달랐니? / 왜 그렇게 했던 거니?

🌱 공룡 되살리기 과학자 회의 STEAM 활동 평가 루브릭

평가 항목	평가 루브릭			
	5점(매우 우수)	4점(우수)	3점(보통)	2점 이하(미흡)
과학 개념 이해(유전자, 화석, 생명 정보, 복제)	공룡 복원과 관련된 과학 개념(DNA, 화석, 복제 기술 등)을 정확히 이해하고, 시나리오와 설계에 잘 반영함	개념이 대부분 잘 표현되었고, 복원 과정 설명과도 비교적 잘 연결되어 있음	과학 개념이 일부 표현되었지만 설명이 단편적이거나 연결이 약함	개념이 거의 드러나지 않거나 활동과 연결되지 않아 의미 전달이 어려움
복원 과정 구성과 흐름 완성도(단서 구성+내가 만든 단서+복원 과정 흐름+창의적 설계)	정보 4개 이상이 논리적으로 연결되고, 내가 만든 단서도 창의적으로 설계되어 시나리오에 정확히 반영됨	정보 3개 이상이 자연스럽게 연결되고, 내가 만든 단서도 시나리오에 포함됨	정보는 있지만 연결이 약하고, 만든 단서의 설명도 부족하거나 반복됨	정보가 단순히 나열되기만 하고, 내가 만든 단서가 없거나 단서의 창의성이 없음
시각 표현과 설계도 완성도(공룡 구조 표현, 단서 위치, 말풍선, 색·선 구별)	설계도에 복원된 공룡의 구조와 기능이 명확하게 표현되고, 말풍선·위치·색 구분 등 시각 요소도 완성도 높게 구성됨	시각 요소들이 대부분 적절하게 표현되어 있고, 설계도의 구조도 비교적 명확함	그림 또는 설명의 일부가 부족하거나, 시각 요소 간 구분이 다소 모호함	그림만 있고 설명이 거의 없으며, 전체 구조나 흐름이 잘 드러나지 않음
설명력과 발표 참여(시나리오 설명+친구 질문 응답)	발표가 조리 있고, 복원 방식과 시나리오가 자연스럽게 이어지며, 친구 질문에도 창의적·논리적으로 응답함	발표 내용이 비교적 충실하고, 질문 응답도 대부분 자연스럽게 이루어짐	설명이 짧거나 핵심 내용이 빠졌으며, 친구의 질문에 대한 답변도 부족함	발표 흐름이 단편적이고 친구 질문에 응답하지 못하거나 동문서답함
참여 태도와 협력성(활동 집중도+친구와의 협력)	활동에 몰입해 복원 설계를 성실히 완성하고, 친구와의 피드백과 협력도 잘 이루어짐	대부분 성실히 참여하고 친구와의 협력도 비교적 잘함	활동에 참여는 했지만 설계와 협력이 부족했고 피드백도 없음	활동 참여가 수동적이며, 협력·소통·완성도가 모두 낮음

※총점 기준 해석표(총 25점)
★23~25점 : 매우 우수 ★19~22점 : 우수 ★15~18점 : 보통 ★10~14점 : 미흡 ★1~9점 : 매우 미흡

20

지오몽의 지구 이야기 주인공 **지오몽**은 '지구(Geo)의 꿈'이란 뜻입니다.

매머드는 왜 멸종했을까(1)

공룡처럼 오래전에 갑자기 사라진 덩치 큰 동물이 또 있어. 코끼리와 조상이 같은 털복숭이 매머드야. 약 400만 년 전부터 살다가 4000년 전에 멸종했지. 공룡이 6600만 년 전에 사라졌으니, 한참 뒤에 나온 거야. 초식 동물인데, 새끼는 젖을 먹여 키웠어.

매머드는 어깨까지의 높이가 5미터나 되는 큰 것부터 2미터가 안 되는 작은 것까지 다양했어. 그런데 대개 몸집은 지금 아시아코끼리와 비슷했어. 몸길이는 5~6미터, 어깨높이는 2~3미터, 몸무게는 3~5톤(1톤은 1000킬로그램)쯤 되었지. 티라노사우루스와 비교하면 아이처럼 작았어.

■ 아시아코끼리

매머드는 코끼리와 조상이 같으니 코가 길고, 수컷과 암컷 모두 두 개의 상아가 있었는데, 수컷은 길이가 최대 4미터쯤 되었지만, 암컷은 그 절반 정도로 짧았대. 상아는 눈을 헤치고 먹이를 찾을 때 쓰였지. 매머드가 살 때는 빙하기여서 지금보다 훨씬 추웠거든.

　그래서 추위에 잘 견딜 수 있게 피부 아래에 두꺼운 지방층이 자리를 잡았지. 또 50센티미터가 넘는 긴 털이 두 겹으로 빽빽하게 나 있었어. 여름에는 몸의 지방층에 양분을 저장했다가 먹이가 부족한 겨울에 사용했지. 주로 먹는 먹이는 종류에 따라 다른데, 추운 곳에서 자라는 이끼와 풀 등이었어. 하루에 60킬로그램쯤 먹었을 거래.

■ 어미 매머드와 새끼의 모습. 2007년 러시아 시베리아의 땅속에서 나온 매머드의 골격으로 복원했다.

■ 2007년 시베리아에서 거의 온전한 상태로 발굴된 새끼 매머드.

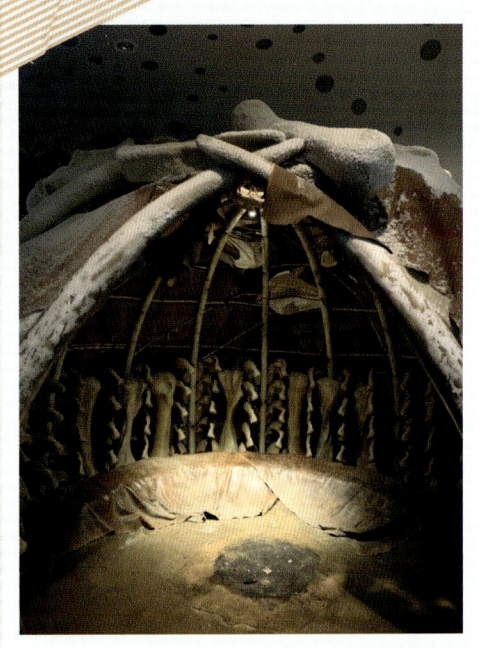
■ 원시인들이 매머드 상아로 만든 움집의 모형.

■ 실제 매머드의 상아.

그런데 왜 잘 살던 매머드가 갑자기 사라졌을까. 학자들 가운데는 사람이 마구 잡아먹어 멸종했다고 말하는 사람들도 있어. 공룡이 살 적에는 아직 사람이 지구에 살지 않았어. 그런데 매머드가 살 때는 원시 인류가 함께 살았지.

그때 사람들에게 매머드의 고기는 중요한 식량이었어. 털은 옷감의 재료로 쓰고, 뼈로는 무기와 장신구를 만들었지. 구석기 시대 동굴 벽화에 매머드를 사냥하는 모습이 있고, 수십 개의 매머드 뼈로 지은 움집도 발견되었지. 북극 지방에서 나온 매머드의 뼈를 분석해 보니 날카로운 무기에 찔린 흔적이 남아 있었대.

매머드를 사냥하는 방법은 여러 가지였어. 가장 손쉬운 방법은 절벽으로 몰아서 떨어뜨리는 거였지. 영국에서 발견된 15만 년 전의 매머드 18마리의 뼈를 조사했더니, 30미터 높이의 절벽에서 골짜기로 떨어져 죽었다지 뭐야. 불을 두려워하는 매머드를 횃불로 위협해 절벽으로 몰아붙여 골짜기 아래로 떨어지게 만든 것이지.

날씨가 더운 여름에는 매머드를 늪으로 몰아 빠지게 한 뒤 사냥했어. 구덩이를 깊게 파고 매머드를 빠지게 해서 사냥하기도 했어. 기르던 개와 함께 매머드를 더 이상 도망칠 수 없는 곳으로 몰아세우고, 창을 던져서 잡기도 했다지 뭐야.

■ 옛날 사람들이 매머드를 사냥하는 모습을 상상한 그림. 매머드는 그때 중요한 식량이었다.

■ 매머드를 늪으로 몰아 잡는 모습.

 # 매머드 생존 복장 만들기

🌱 활동 목표
* 빙하기 환경과 매머드의 생존 전략을 과학적으로 이해한다.
* 매머드의 신체 구조를 기능별로 분류하고, 환경과 연결해 본다.
* 생존을 위한 복장을 창의적으로 구성하고 설명한다.
* 생존 시나리오를 만들고, 설계도와 함께 발표한다.

🌱 수업 전 배경과 개념 설명
* **빙하기** 지구의 기온이 매우 낮아져 눈과 얼음으로 덮인 시기.
* **적응** 생물이 환경에 맞게 몸이나 행동을 바꾸어 살아남는 방법.
* **매머드의 생존 구조** 털, 지방, 상아 등을 이용해 추위와 환경에 적응함.
* **사람과의 관계** 구석기인들이 매머드를 사냥해 식량, 옷, 무기로 사용함.
* **생존 장비** 혹독한 환경에서 살아남기 위해 필요한 몸의 기능 또는 도구.

🌱 수업 활동

1) 문제 인식과 분석

도입 발문	매머드는 추운 빙하기에 어떻게 살아남았을까요? / 우리가 매머드라면 어떤 복장을 갖추어야 했을까요? / 매머드에게 특별한 생존 기능이 있었을까요?
활동지 칸	매머드가 추운 환경에서 살아남을 수 있도록 복장을 상상해 설계해 보는 활동입니다. 털이나 지방층 같은 특징을 참고하거나 새 기능을 더해 생존 복장을 만들어 봅니다.

2) 생존 기능 구성하기 + 시나리오 쓰기
* 아래 항목에서 기능 3~4개를 고르고 그 이유를 간단히 써 보세요. 내가 만든 기능도 하나 더해 보고, 그 기능들을 어떻게 활용했는지 담은 생존 시나리오를 자세히 적어 보세요.

항목	설명
눈 뚫기 상아	상아로 눈을 밀고 먹이를 찾을 수 있어요.
털 가열 장치	추울 때 털 속을 따뜻하게 유지해 줘요.
야간 경보기 귀	밤에 불빛과 소리를 감지해 사냥꾼을 알아차릴 수 있어요.
얼음 탐지 발바닥	깨질 위험이 있는 얼음을 미리 감지할 수 있어요.
내가 만든 기능	미끄럼 방지 발톱 → 얼음 위에서 미끄러지지 않게 도와줘요.
시나리오 예시	'설지킴이' 매머드는 눈 뚫기 상아로 눈을 밀고, 얼음 탐지 발바닥으로 깨지기 쉬운 곳을 탐지해요. 털 속 가열 장치로 몸을 따뜻하게 하고, 미끄럼 방지 발톱으로 얼음 위를 미끄러지지 않고 걷습니다. 밤에는 경보기 귀가 불빛을 감지해 사냥꾼을 피할 수 있어요.

3) 설계도 그리기
* 매머드 생존 복장을 그림으로 표현해 보세요. 각 장치를 몸 어디에 그린 뒤, 말풍선에 기능 이름과 설명을 적고, 내가 만든 기능은 색이나 모양으로 강조해 보세요.

표현 예시	① 눈 뚫기 상아(상아로 눈을 헤쳐요.) ② 얼음 탐지 발바닥(깨지기 쉬운 곳을 피해요.) ③ 털 가열 장치(추울 때 털 속을 데워요.) ④ 미끄럼 방지 발톱(얼음 위에서 안 넘어져요.)

4) 발표와 친구 질문 응답

발표 항목	예시 문장
매머드 이름	'설지킴이'예요.
내가 고른 기능	눈 뚫기 상아, 털 가열 장치, 야간 경보기 귀, 얼음 탐지 발바닥을 넣었어요.
내가 만든 기능	미끄럼 방지 발톱을 넣었어요. 얼음 위에서도 미끄러지지 않게 해 줘요.
시나리오 요약	추운 날씨에 먹이를 찾고, 사냥꾼을 피해 안전하게 도망가요.
친구 질문과 응답	미끄럼 방지 발톱도 얼음에 붙지 않나요? → 발톱 재질이 얼음에 달라붙지 않아요.

🌱 교사용 지도 포인트

단계	유도 질문 예시
문제 인식	매머드는 왜 털이 많았을까? / 몸집이 큰 이유는 뭘까?
기능 구성	이 기능은 어떤 문제를 해결해 줄까? / 언제 가장 필요할까?
내가 만든 기능	기존 기능에 뭐가 부족했을까? / 너의 기능은 어떻게 달라?
시나리오 구성	매머드는 어떤 상황을 겪었을까? / 어떻게 해결했을까?
발표 유도	너의 복장은 어떤 점이 새로웠니? / 친구의 복장과 뭐가 달랐니?

🌱 매머드 생존 복장 만들기 STEAM 활동 평가 루브릭

평가 항목	5점(매우 우수)	4점(우수)	3점(보통)	2점 이하(미흡)
과학 개념 이해(빙하기, 적응, 생존 구조, 단열)	빙하기의 환경과 매머드의 생존 전략을 정확하게 이해하고, 복장의 구조와 기능에도 자연스럽게 반영하여 완성함	과학 개념이 대부분 기능 설명에 잘 드러나고, 표현이 자연스러움	일부 과학 개념은 표현되어 있으나, 생존 기능과의 연결이 다소 단편적으로 보임	개념이 거의 드러나지 않거나 기능 설명과 따로 놀아 의미 전달이 어려움
기능 구성과 흐름 완성도(복장 구성+내가 만든 기능+복장 기능 연결+창의적 설계)	기능 4개 이상이 논리적으로 잘 연결되고, 내가 만든 기능도 창의적으로 설계되어 상황에 맞는 문제 해결에 적절히 활용됨	기능 3개 이상이 대부분 자연스럽게 연결되고, 내가 만든 기능도 포함됨	기능은 있으나 연결이 단편적이며, 만든 기능 설명이 부족하거나 반복됨	기능이 단순 나열되고, 만든 기능이 없거나 창의성이 드러나지 않음
시각 표현과 설계도 완성도(복장 구조 표현, 기능 위치, 말풍선, 색·선 구별)	설계도가 복장 구조와 각 기능을 시각적으로 명확히 표현하고, 말풍선, 위치, 색 구분 등도 조화로워서 전체적으로 완성도가 높음	시각 요소들의 대부분이 적절하게 표현되어 있고, 구조도 비교적 명확함	그림 또는 설명이 일부 부족하거나 그림 속 요소의 위치와 역할이 분명하지 않음	그림만 있고 설명이 거의 없거나 그림 속 요소의 위치와 역할이 보이지 않음
설명력과 발표 참여(시나리오 설명+친구 질문 응답)	발표 흐름이 조리 있고 기능 설명이 자연스럽게 이어짐. 시나리오도 명확히 전달되고 친구 질문에 창의적·논리적으로 응답함	발표 내용이 비교적 충실하고, 질문 응답도 대부분 자연스럽게 이루어짐	설명이 짧거나 시나리오 흐름이 약하며, 친구 질문에 대한 답변이 부족함	발표 흐름이 단편적이며, 질문에도 응답하지 못하거나 동문서답함
참여 태도와 협력성(활동 집중도+친구와의 협력)	활동에 몰입하며 복장 설계를 끝까지 성실히 완성하고, 친구와 피드백과 협력도 활발히 이루어짐	대부분의 시간에 성실히 참여했으며 협력적으로 활동함	활동엔 참여했지만 설계와 협력이 소극적이고 피드백도 적음	활동 참여가 수동적이며 협력 태도와 소통, 설계 모두 미흡함

※총점 기준 해석표(총 25점)
★23~25점 : 매우 우수 ★19~22점 : 우수 ★15~18점 : 보통 ★10~14점 : 미흡 ★1~9점 : 매우 미흡

매머드는 왜 멸종했을까 (2-끝)

지난번에 원시 인류가 매머드를 마구 잡아먹어서 멸종했다고 했지. 그런데 이런 이야기도 사실이라고 할 수는 없어. 누군가가 지금처럼 확실하게 글로 남기지 않으면 말이야. 매머드만 오랫동안 연구한 학자들도 증거가 없으니 여러 가지로 짐작만 할 뿐이지.

그래도 궁금하면 못 참는 게 과학자들이거든. 매머드의 뼈 성분을 분석해 무얼 먹고 살았으며, 몸의 어떤 부분이 약했는지 등을 알아냈지. 특히 매머드는 시베리아의 언 땅속에서 썩지 않고 발견되는 게 많잖아. 화석으로만 발견되는 공룡의 모습과 달리 매머드의 온전한 생김새를 그래서 알 수 있는 거지.

■ 매머드들은 빙하기의 아주 추운 날씨에 적응해서 살았다.

　어떤 과학자들은 매머드가 기후 변화에 적응하지 못해 사라졌다고도 해. 약 260만 년 전 지구에는 빙하기가 다시 닥치면서 수많은 생물이 멸종했지. 살아남은 동식물은 그때부터 혹독한 환경에 적응해야 했어. 매머드도 추위에 견디려고 두껍고 텁수룩한 털을 갖게 되었지. 눈을 헤쳐 먹이를 찾기에 알맞도록 상아는 더욱 커졌어.

　그런데 11만 년 전에 시작된 빙기가 1만 2000년 전에 끝나면서 기온이 확 오르는 거야. 기온이 오늘날과 비슷했거나 더 따뜻했을 거래. 이걸 간빙기라고 해. 빙기와 다음 빙기 사이를 말하지. 지금도 그때부터 이어지는 간빙기야.

어이쿠! 근데 문제가 생겼어. 날씨가 따뜻해지면서 매머드의 먹이인 이끼와 풀도 사라진 거야. 그러니 고기를 못 먹는 초식 동물이 어쩌겠어. 굶어죽거나 먹이 부족에 시달려야 했지. 오늘날 북극곰이 날씨가 더워져서 살 곳을 잃고 먹이 사냥을 못하는 거와 같은 거야.

그때는 또 원시 인류보다 지능이 발달한 현생 인류가 나타나 매머드를 닥치는 대로 사냥해서 멸종이 빨라졌을 거래. 매머드는 결국 1만 년 전에 사라졌지. 그런데 다 죽은 게 아니고 조금은 남았대. 그리고 시베리아 북동쪽의 북극 바다에 있는 랭겔섬으로 이동해 3700년 전까지 살았다는 학자들도 있어.

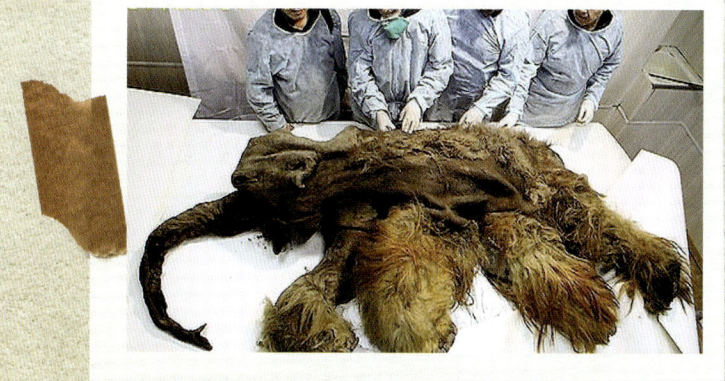

■ 랭겔섬에서 7000년 전부터 3700년 전 사이에 살았던 것으로 보이는 매머드 사체.

　섬으로 도망친 매머드들은 사람의 공격을 피할 수 있어서 다행이었어. 하지만 좁은 섬 안에서만 갇혀 지내다 보니 짝짓기 상대가 문제였어. 형제자매 등 가까운 사이에 짝짓기를 해서 새끼를 낳는 바람에 멸종했다는 거야.

　사람도 그렇지만 동물도 같은 피를 나눈 사이에 대를 이어서 짝짓기가 계속되면 나중에 새끼들에게 큰 문제가 생겨. 환경에 잘 적응하지 못해 살아남기 어렵다는 거야. 실제로 과학자들이 4만 5000년 전의 매머드들과 이곳 섬의 4300년 전 매머드들을 비교해 봤어. 그랬더니 먹이를 찾는 후각이 약해지고, 짝 찾기에 필요한 부분도 망가졌다고 해.

■ 랭겔섬에서 발견된 6000년 전 매머드의 상아.

 멸종 미스터리 과학자 추리 회의

🌱 활동 목표
* 매머드가 왜 멸종했는지 다양한 이유를 알아보고 생각한다.
* 과학자처럼 증거를 비교하여 자신만의 생각을 말한다.
* 똑같은 답이 없더라도 추측하고 근거를 들어 설명한다.
* 매머드가 살아남기 위해 필요한 기능을 상상해서 발표한다.

🌱 수업 전 배경과 개념 설명
* **멸종** 어떤 생물이 더 이상 지구에 존재하지 않는 상태.
* **기후 변화** 빙기가 끝나고 기온이 오르면서 환경이 바뀐 현상.
* **유전 다양성** 다양한 유전자를 가진 개체들이 있어야 건강한 다음 세대가 생김.
* **과학적 추론** 여러 증거를 보고 가장 그럴듯한 원인을 논리적으로 생각하는 과정.
* **생존 전략** 생물이 환경의 위협에 맞서 살아남기 위한 방법.

🌱 수업 활동

1) 문제 인식과 분석

도입 발문	매머드는 왜 사라졌을까요? / 사람들의 사냥 때문일까, 기후 변화 때문일까, 아니면 두 가지가 함께 작용했을까요? / 어떤 근거를 들어 설명할 수 있을까요?
활동지 칸	매머드의 멸종 원인을 비교하고, 관련 증거를 바탕으로 내 생각을 정리해 발표하는 활동입니다. 여러 가설 가운데 하나를 골라 그 이유를 자세히 설명해 봅니다.

2) 멸종 이유 구성하기+시나리오 쓰기

• 아래 항목에서 멸종 이유 3~4개를 고르고 이유를 적어 보세요. 내가 만든 이유 1개도 추가하고, 선택한 이유를 바탕으로 매머드의 생존 방법을 시나리오로 써 보세요.

항목	설명
기후 변화	날씨가 갑자기 따뜻해져서 추운 환경에 익숙한 매머드가 적응하지 못했어요.
유전 문제	섬에 갇혀 가족끼리만 짝짓기를 하다 보니 몸이 약해졌어요.
인간의 사냥	구석기 사람들이 무리를 지어 매머드를 사냥했어요.
먹이 부족	기후 변화로 풀과 이끼 같은 먹이가 줄어들었어요.
내가 만든 이유	전염병 → 어떤 바이러스가 퍼져서 매머드 무리 전체가 병에 걸렸어요.
시나리오 예시	매머드는 전염병을 피해 이동했고, 먹이를 찾아 멀리 떠났어요. 하지만 따뜻해진 날씨와 사람들의 끊임없는 사냥으로 무리를 유지하지 못했고, 기후 변화로 먹이도 줄어들었어요. 짝짓기도 어려워졌고, 새끼를 돌볼 수 없어 결국 멸종에 가까워졌어요.

3) 설계도 그리기

• 매머드의 멸종 이유 중 하나를 골라 짧은 설명과 그림으로 정리해 보세요. 기후, 먹이, 사냥 등 단서를 그림에 그린 뒤, 설명과 내가 만든 이유도 말풍선이나 색으로 표현해 보세요.

표현 예시	① 기후 변화 : 날씨가 더워져 적응하지 못했어요(햇빛, 얼음 그림). ② 인간의 사냥 : 사람들이 함께 사냥했어요(사냥꾼 그림). ③ 먹이 부족 : 먹이가 줄었어요(초원 그림). ④ 전염병 : 바이러스가 퍼졌어요(아픈 매머드 그림).

4) 발표와 친구 질문 응답

발표 항목	예시 문장
회의 이름	'지오몽 멸종 추리 회의'예요.
내가 고른 원인	기후 변화, 인간의 사냥, 먹이 부족, 유전 문제가 함께 작용해 멸종했다고 생각해요.
내가 만든 원인	전염병처럼 퍼진 바이러스가 매머드에게 치명적이었을 수도 있어요.
시나리오 요약	기후가 따뜻해지고 먹이는 줄었어요. 사냥도 많아졌고, 몸이 약해져 무리가 견디지 못했어요.
친구 질문과 응답	전염병 증거가 있어요? → 일부 화석에서 바이러스 흔적이 발견되기도 했어요.

🌱 교사용 지도 포인트

단계	유도 질문 예시
문제 인식	매머드는 왜 사라졌을까? / 어떤 일이 멸종에 영향을 줬을까?
원인 구성	어떤 원인들이 있었을까? / 그 가운데 어떤 게 가장 강했을까?
내가 만든 원인	너만의 원인은 뭐였니? / 그건 왜 가능하다고 생각했니?
시나리오 구성	매머드는 어떤 상황을 겪었을까? / 그 원인들이 어떻게 이어졌을까?
발표 유도	친구 발표와 뭐가 달랐니? / 너의 설명은 어떤 점이 설득력 있었니?

🌱 멸종 미스터리 과학자 추리 회의 STEAM 활동 평가 루브릭

평가 항목	평가 루브릭			
	5점(매우 우수)	4점(우수)	3점(보통)	2점 이하(미흡)
과학 개념 이해(기후 변화, 유전 문제, 인간의 사냥, 먹이 부족)	기후 변화, 유전 문제 등 다양한 멸종 원인을 정확히 이해하고, 그 영향과 증거를 논리적이고 구체적으로 풍부하게 설명함	개념이 대부분 표현되고, 기능 설명이 비교적 자연스러우며 논리적으로 연결됨	과학 개념이 일부 표현되었지만 기능이나 설명과의 연결이 단편적임	개념이 드러나지 않거나 설명과 어긋나 의미가 잘 전달되지 않음
원인 구성과 흐름 완성도(원인 구성+내가 만든 원인+원인 간 연결 설명+창의적 설계)	원인 4개 이상이 논리적으로 연결되고, 내가 만든 원인도 창의적으로 설계되어 원인 간 흐름과 문제 해결에 적절히 반영됨	선택한 원인 3개 이상이 자연스럽게 연결되고, 내가 만든 원인도 함께 포함됨	원인은 있으나 연결이 단편적이고, 내가 만든 원인의 설명도 부족함	원인이 단순 나열되고, 내가 만든 원인이 없거나 창의성이 거의 없음
시각 표현과 설계도 완성도(원인 배열, 말풍선, 구분 색, 연결선)	설계도가 기능 구조와 역할을 시각적으로 명확히 표현하고, 말풍선, 위치, 색 구분 등도 전체적으로 완성도 높게 구성됨	시각 요소들이 대부분 적절하게 표현되어 있고, 설계 구조도 비교적 명확함	그림 또는 원인 설명이 일부 부족하며, 기능의 위치와 그 구분이 모호함	그림만 있고 설명이 거의 없거나 멸종 요소 간 연결이 드러나지 않음
설명력과 발표 참여(시나리오 설명+친구 질문 응답)	발표 흐름이 조리 있고 전략 설명이 자연스럽게 이어짐. 시나리오도 명확히 전달되며 친구 질문에 창의적·논리적으로 응답함	발표 내용이 비교적 충실하고, 질문 응답도 대부분 자연스럽게 이루어짐	설명이 짧거나 시나리오 구성이 끊기며, 친구의 질문에 대한 응답도 부족함	발표 흐름이 단편적이며, 질문에도 응답하지 못하거나 동문서답함
참여 태도와 협력성(활동 집중도+친구와의 협력)	활동에 몰입하며 전략 설계를 끝까지 성실히 완성하고, 친구와 피드백이나 협력도 활발히 이루어짐	대부분의 시간에 성실히 참여하며 협력적으로 활동함	활동에는 참여했지만 협력은 소극적이고, 피드백도 적었음	활동 참여가 수동적이며, 협력·소통·설계 완성도가 모두 낮음

※총점 기준 해석표(총 25점)
★23~25점 : 매우 우수 ★19~22점 : 우수 ★15~18점 : 보통 ★10~14점 : 미흡 ★1~9점 : 매우 미흡

22 지오몽의 지구 이야기

주인공 **지오몽**은 '지구(Geo)의 꿈'이란 뜻입니다.

화석은 어떻게 만들어질까

■ 아르젠티노사우루스를 상상해 그린 그림. (사진 : 국립 중앙 과학관)

1987년 어느 날이었어. 아르헨티나의 네우켄주에서 등뼈와 척추뼈 등 7개의 골격 화석이 발견되었어. 등뼈 1개의 높이가 1.5미터이고, 무게가 100킬로그램이나 나갔지. 아르젠티노사우루스라는 초식 공룡이었어. 이 공룡은 9700만 년 전에 나타나 9400만 년 전까지 300만 년 동안 비교적 짧은 기간을 살았어.

아르헨티나에서 처음 화석이 발견되어 아르젠티노사우루스라는 이름이 붙었지. 과학자들이 골격 모델을 만들어 보니 몸길이가 35미터에, 몸무게만 70톤(1톤은 1000킬로그램)이 나갔어. 역사상 덩치가 가장 큰 공룡의 하나였지. 굵고 긴 네 다리로 걸었는데, 목과 꼬리가 길고 몸통은 아주 굵었어.

■ 아르젠티노사우루스의 골격 모형. (사진 : 독일 젠켄베르크 자연사 박물관)

■ 공룡이 죽은 뒤 곧바로 흙에 묻혀야 화석이 될 수 있다.

화석이 온전하게 발견되면 6600만 년 전에 사라진 공룡도 어떤 모습을 하고 어떻게 살았는지 알 수 있지. 그런데 화석이 만들어지려면 여러 가지 까다로운 조건이 들어맞아야 해.

거대한 몸집의 초식 공룡인 아르젠티노사우루스가 초원에서 죽었다면 어떤 일이 벌어질까. 몸집이 작은 육식 공룡들의 먹잇감이 되겠지. 사체가 온전히 남더라도 미생물에 의해 분해되고, 남은 뼈도 비바람에 깎여 화석으로 남지 못할 거야. 그런데 공룡이 죽은 뒤 곧바로 산사태나 홍수가 나서 흙속에 묻히면 어떨까. 다른 동물이나 비바람에서 보호를 받을 수 있겠지.

■ 동물이 벌판에서 죽은 채 그대로 있으면 다른 동물의 먹잇감이 된다.

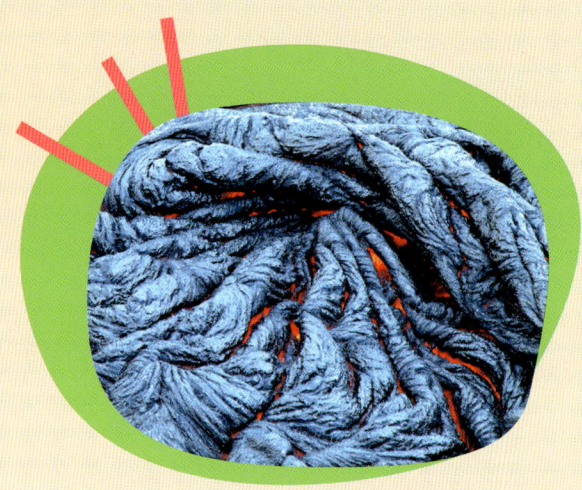
■ 동물의 사체가 묻힌 곳에 용암이 흘러들면, 녹아 없어져 화석이 될 수 없다.

땅에 묻힌 공룡의 살이나 내장 등 부드러운 부위는 곧 썩어 버리고, 뼈나 이빨 등 단단한 부분만 남겠지. 그런데 그렇게 시간이 흐른다고 화석이 되는 건 아니야. 땅속의 광물질이 뼈나 이빨에 스며들어 돌멩이처럼 단단해져야 한단 말이지. 몸에 뼈가 없는 동물이 화석으로 남기 어려운 이유를 알겠지?

화석으로 남으려면 또 그 생물체의 수가 많아야 해. 죽은 뒤 흙에 바로 묻혀도 지하수에 녹을 수 있잖아. 그러니 몇 마리라도 남으려면 수가 많아야 유리하지. 땅에 묻힌 동안 화산 폭발 등으로 뜨거운 열이나 압력을 받아도 녹아 없어져 화석으로 남을 수 없어.

■ 화석이 되려면 몸에 뼈나 이빨 등 단단한 부분이 있어야 한다.

■ 호박 화석에 갇힌 모기들.

　발자국이나 피부 자국 같은 흔적은 조금 다른 과정을 거쳐 화석이 되지. 진흙땅에 공룡의 발자국이나 피부 자국이 찍힌 뒤 땅이 굳으면 형태가 그대로 남게 되지. 그리고 시간이 지나면서 그 위로 흙이 또 쌓이면 그 흙의 무게에 눌려 단단한 암석이 되는 거야. 그럼 남겨진 자국도 단단해지면서 모양을 오래 유지할 수 있지.

　곤충 같은 작은 생물도 송진에 빠져 함께 굳으면 호박 화석이 될 수 있어. 송진이 미생물의 활동을 막기 때문이야. 몹시 추운 극지방에서도 미생활의 활동이 억제되므로 죽은 매머드 같은 동물의 가죽과 근육이 그대로 보존되는 거야.

■ 경남 고성군의 공룡 발자국 화석.

이런 뜻이에요
송진 소나무나 잣나무에서 나오는 끈적끈적한 액체. 향기가 독특하고, 굳으면 황갈색의 무른 유리와 같은 상태가 된다.

나의 화석 이야기 상자 만들기

🌱 활동 목표
* 화석 형성에 필요한 과학적 조건을 이해한다.
* 나만의 생물을 상상하고, 그 생물이 화석이 되기까지의 과정을 이야기로 구성한다.
* 생물의 특징, 죽음의 상황, 지층 속 보존 과정을 구조적으로(인과 관계로) 표현한다.
* 과학 개념과 상상력을 합쳐 화석이 만들어지는 이야기를 순서대로 나타낸다.

🌱 수업 전 배경과 개념 설명
* **화석** 오래전 생물의 몸이나 흔적이 돌처럼 굳어진 것(뼈, 발자국, 피부 자국 등).
* **화석 형성 조건** 빠르게 흙에 묻히고, 단단한 조직이 남아 있으며, 광물이 스며들어야 함.
* **흔적 화석** 몸이 아닌 자국(발자국, 피부 자국 등)이 남아 굳은 화석.
* **화석이 안 되는 경우** 분해, 풍화, 침식, 용암 노출 등으로 단단한 조직이나 흔적이 보존되지 않음.
* **보존 환경 예시** 진흙, 얼음, 송진, 건조 지층 등 외부 영향이 적은 환경.

🌱 수업 활동

1) 문제 인식과 분석

도입 발문	내가 선택한 생물은 어떤 조건에서 화석이 될 수 있을까요? / 어떤 상황에서 화석이 되지 못할까요? / 죽은 뒤에 화석이 되려면 어떤 일이 먼저 일어나야 할까요?
활동지 칸	내 생물은 언제, 어디서 죽었고, 어떤 환경 덕에 화석이 되었을지 생각해 보세요. 이름, 생태, 매몰 장소와 화석이 된 이유(2가지 이상), 화석이 되지 못했을 상황도 떠올려 보세요.

2) 화석이 된 원인 구성하기+시나리오 쓰기

* 다음 원인 중 3~4개를 고르고, 내가 만든 원인 1개를 더해 보세요. 그 원인들이 생물이 죽은 뒤 어떤 환경에서 작용했는지 생각하며, 그 상황에서 화석이 된 이야기를 써 보세요.

항목	설명
빠른 매몰	큰비나 진흙, 눈 등에 금방 덮여서 썩기 전에 묻혔어요.
단단한 몸	껍질, 뼈처럼 단단한 부분이 남아 압력에 눌려 화석이 되었어요.
주변 광물	시간이 지나며 광물이 스며들어 돌처럼 단단해졌어요.
추운 기후	차갑고 건조한 환경에서 부패가 느려져 잘 보존됐어요.
내가 만든 이유	얼음 갑옷 → 죽은 뒤 몸을 감싸서 썩지 않게 막아 주었어요.
시나리오 예시	초식 도마뱀 '잎이'는 강가에서 풀을 먹다 큰비에 쓰러진 나무에 깔려 죽고, 진흙에 묻혔어요. 몸에는 얼음 갑옷이 생겨 썩는 걸 막아 주었고, 시간이 지나며 광물이 스며들어 화석이 되었어요. 추운 기후 덕분에 더 오래 보존되었고, 훗날 지오몽이 이 특별한 화석을 발견했어요.

3) 화석 이야기 상자 설계도 그리기

* 내 화석 이야기 상자의 구조와 이야기의 전개 과정을 그림으로 표현해 보세요. 생물이 살던 모습부터 묻히고 화석이 되며 발견되는 장면까지 단계별로 그리고, 각 장면에 말풍선이나 설명을 붙이세요.

표현 예시	① 상자 아래쪽 : 진흙 지층 만들기 ② 지층 위 : 죽은 생물의 모습(점토 등으로 표현) ③ 그 위 : 쌓이는 지층과 시간 흐름(색종이, 선 등으로 표시) ④ 맨 위 : 화석이 발견되는 장면 ⑤ 말풍선 또는 번호 설명 : 이곳에서 나는 묻혔어요. / 이게 내 이빨 화석이에요. / 시간이 이렇게 흘렀어요.

4) 발표와 친구 질문 응답

발표 항목	예시 문장
생물 이름	제 생물은 초식 도마뱀 '잎이'예요.
내가 고른 조건	빠른 매몰, 단단한 몸, 주변 광물, 추운 기후 덕분에 화석이 되었어요.
내가 만든 조건	얼음 갑옷이 생겨 썩지 않고 몸이 잘 보존됐어요.
시나리오 요약	'잎이'는 홍수로 진흙에 묻히고, 광물이 스며들며 얼음 갑옷과 추운 기후 덕분에 화석이 되었어요.
친구 질문과 응답	뼈가 없는 생물도 화석이 될 수 있어요? → 흔적 화석처럼 자국만 남을 수 있어요.

🌱 교사용 지도 포인트

단계	유도 질문 예시
문제 인식	왜 화석은 아무 생물이나 되는 게 아닐까? / 어떤 조건이 필요할까?
조건 구성	어떤 상황이 생물을 화석으로 남게 했을까? / 어떤 환경이면 안 될까?
내가 만든 조건	네가 만든 조건은 어떤 걸 막아 주었니? / 어떻게 보존에 도움을 줬니?
시나리오 구성	이 생물은 죽은 뒤 어떻게 화석이 되었을까? / 어떤 과정이 가장 중요했을까?
발표 유도	너의 화석 상자에서 특별하거나 자랑하고 싶은 부분은 어디야? / 그 이유는 뭐야?

🌱 나의 화석 이야기 상자 만들기 STEAM 활동 평가 루브릭

평가 항목	평가 루브릭			
	5점(매우 우수)	4점(우수)	3점(보통)	2점 이하(미흡)
과학 개념 이해(빠른 매몰, 단단한 몸, 추운 기후, 광물 스며듦)	화석 형성 조건(빠른 매몰, 단단한 몸, 추운 기후 등)을 4가지 이상 이해하고, 이야기와 설계도에 논리적으로 잘 반영함	핵심 개념이 비교적 잘 드러나고, 이야기나 설계에 적절히 연결되어 의미가 잘 전달됨	개념은 일부 표현되었으나 설명이 부족하고 이야기 흐름과 연결이 다소 약함	개념이 거의 드러나지 않거나 설명이 틀려 내용 전달이 어렵거나 잘못됨
이야기 구성과 흐름 완성도(조건 구성+내가 만든 조건+시간 흐름 정리+창의적 설계)	생물의 특징, 죽은 상황, 화석화 과정과 발견까지의 흐름이 논리적이고 창의적으로 잘 구성되어 이야기의 완성도가 높음	이야기 흐름이 자연스럽고, 자신만의 개성이 드러나 있어 구성에 몰입감이 느껴짐	이야기 구성은 있으나 흐름이 단순하고 장면 연결이 부족해 내용 전달이 약함	이야기 구성력이 부족하고 예시 수준을 넘지 못해 창의성, 구성 모두 미흡함
시각 표현과 설계도 완성도(지층 구조, 생물 배치, 시간 흐름, 말풍선)	지층 구조, 생물 위치, 시간 흐름이 그림에 명확히 표현되고, 말풍선·시간선·색상 등 시각 요소도 풍부하고 조화롭게 구성됨	구성과 설명이 대부분 잘 표현되어 있으며, 시각적 자료도 비교적 잘 활용됨	그림은 있지만 설명이나 요소 연결이 다소 약하며, 전체 전개가 불분명함	그림만 있고 과정의 설명이 없거나, 구성이 뚜렷하게 구분되지 않음
설명력과 발표 참여(시나리오 설명+친구 질문 응답)	이야기 설명이 조리 있고, 발표 흐름도 매끄러우며 친구의 질문에도 과학적으로 정확하고 성실하게 응답함	발표가 자연스럽고, 과정 설명과 친구와의 질문 응답도 잘 이루어져 발표 완성도가 높음	발표는 있었지만 핵심 내용이 부족했으며, 친구와의 질문 응답도 충분하지 않았음	발표가 단편적이고 핵심이 부족했으며, 질문에도 제대로 응답하지 못함
참여 태도와 협력성(활동 집중도+친구와의 협력)	활동에 몰입해 이야기 작성, 상자 설계, 발표까지 책임감 있게 수행하고 친구들과도 활발히 협력함	대부분 성실히 참여하고 친구와의 소통도 잘 이루어짐	활동은 했지만 집중도가 낮고 협력은 다소 소극적임	활동과 협력이 수동적이고, 피드백과 질문도 적음

※총점 기준 해석표(총 25점)
★23~25점 : 매우 우수 ★19~22점 : 우수 ★15~18점 : 보통 ★10~14점 : 미흡 ★1~9점 : 매우 미흡

Chapter 4
인류의 시작과 진화

23 사람은 언제부터 지구에서 살았을까
24 사람은 언제부터 두 발로 서서 생활했을까
25 사람은 언제부터 도구를 만들어 썼을까
26 불의 발견이 사람의 수명을 늘리다
27 농사를 지으면서 생긴 변화

23

지오몽의 지구 이야기

주인공 **지오몽**은 '지구(Geo)의 꿈'이란 뜻입니다.

사람은 언제부터 지구에서 살았을까

아~함! 친구들, 많이 기다렸지. 나는 지오몽이야. 진짜 이름은 지구라고 해. 친구들에게 들려줄 말이 아주 많아. 이야기보따리를 준비하느라 46억 년이 걸렸지 뭐야.

우리 가족부터 소개할게. 엄마는 낮에 하늘에서 밝게 빛나는 태양이야. 형제는 나를 포함해 8남매지. 밤하늘에 반짝이는 수성, 금성, 지구(나), 화성, 목성, 토성, 천왕성, 해왕성. 나는 셋째야. 우리 가족은 모두 태양계라는 큰 집에서 사이좋게 모여 살고 있어. 가족들은 나중에 자세히 소개할게.

지금부터는 지구에서 사는 사람에 대해 말해 줄 거야. 지오몽은 지구에 사람이 얼마나 많이 사는지부터 알고 싶어. 2025년 현재 82억 명을 조금 넘었어. 인터넷에서 검색하면 금방 나와. 궁금할 땐 무조건 찾아봐야 똑똑해진다고.

지오몽이 사랑하는 대한민국의 인구는 얼마나 되는지 맞혀 볼래? 5168만 명이야. 대한민국은 한반도의 남쪽에 있는 나라지. 북쪽의 북한에는 2588만 명이 살고 있어. 대한민국과 북한은 원래 한 나라였던 거 알아? 하지만 1950년에 완전히 나뉘었지.

그런데 언제부터 지구에서 사람이 살았을까. 700만 년 전쯤이래. 그때는 원숭이처럼 생긴 사람이 처음 지구에 나타났다지 뭐야.

그렇게 오래전의 일을 어떻게 알 수 있냐고? 그때 살던 원숭이 인간(투마이)의 머리뼈 등이 발견되었기 때문이야. 2001년에 아프리카 차드의 한 사막에서 화석으로 말이야. 화석이란 생물이 죽은 뒤 오래되어 돌처럼 굳은 것을 말해. 그 전까지는 300만 년 전쯤에 살던 원숭이 인간(오스트랄로피테쿠스)이 가장 오래된 줄 알았어.

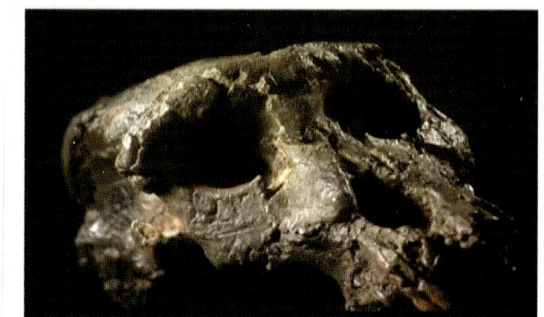

■ 700만 년 전에 살았던 투마이의 머리뼈 화석(위 사진)과 컴퓨터로 되살린 얼굴 모습.

지금과 비슷한 사람이 살기 시작한 건 30만 년 전의 일이야. 2017년에 아프리카의 모로코에서 그때 살던 사람의 머리뼈 등 화석이 나왔지. 그럼, 그때부터 지금까지 지구에서 태어난 사람은 얼마나 될까. 1100억 명쯤이라면 믿겠어?

지금도 1초에 2.5명이 태어나고 있어. 이대로 가면 2100년에는 인구가 112억 명까지 불어나지. 식량과 환경 문제가 클 거야. 그런데 대한민국은 아기를 잘 안 낳아 골치가 아파. 그때는 인구가 절반으로 줄어든대.

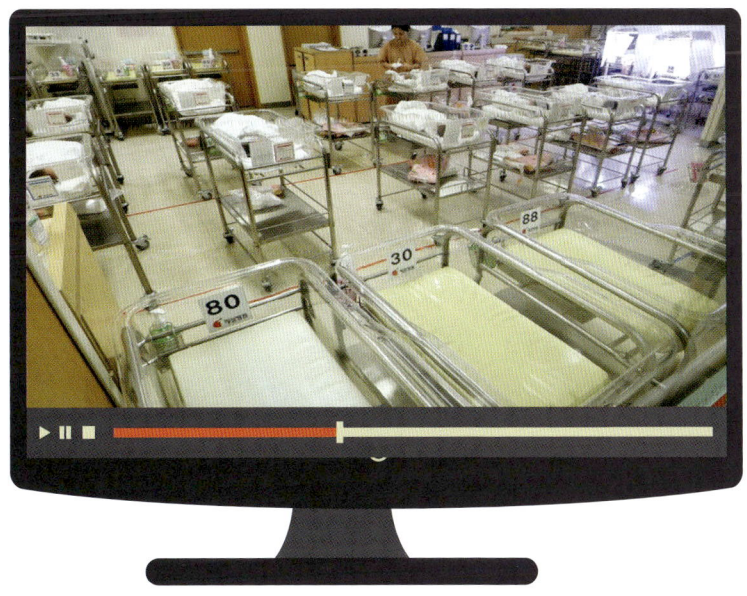

활동 | 인류 계보 퍼즐 놀이

🌱 활동 목표
* 인류가 어떻게 진화했는지 시대별 변천 과정을 과학적으로 이해한다.
* 인류의 주요 조상을 퍼즐처럼 나누어 특징과 시기를 정리한다.
* 미래 인류를 창의적으로 설계하고, 변화된 환경과 연결해 설명한다.
* 퍼즐 조각을 시각적으로 설계하고, 구성을 시나리오와 함께 표현한다.

🌱 수업 전 배경과 개념 설명
* **진화** 생물이 오랜 시간에 걸쳐 환경에 맞게 몸이나 기능을 바꾸는 과정.
* **화석** 생물이 죽은 뒤 땅속에 묻혀 오랜 시간이 지나면서 돌처럼 굳어진 것.
* **인류 계보** 투마이부터 호모 사피엔스까지 이어지는 사람의 진화 과정.
* **적응** 환경 변화에 맞춰 살아남기 위해 몸이나 행동을 바꾸는 생물의 전략.
* **미래 인류** 앞으로의 지구 또는 우주 환경에 적응할 새로운 모습의 사람.

🌱 수업 활동

1) 문제 인식과 분석

도입 발문	사람은 처음부터 지금처럼 생겼을까요? / 인류는 어떤 퍼즐 조각처럼 이어져 왔을까요? / 다음 퍼즐 조각은 누가 만들까요?
활동지 칸	이 활동은 인류가 어떻게 진화했는지를 퍼즐처럼 단계별로 정리하고, 내가 상상한 미래의 사람 퍼즐 조각을 창의적으로 구상하여 설계하는 활동입니다.

2) 퍼즐 구성하기+시나리오 쓰기
• 아래 퍼즐 조각 중 3~4개를 선택하고, 각 조각의 특징과 선택 이유를 적어 보세요. 내가 만든 새로운 퍼즐 조각도 추가해 보세요. 그 조각들을 연결하는 이야기(진화 시나리오)도 써 보세요.

항목	설명
투마이	700만 년 전, 두 발로 걷기 시작한 인류의 가장 오래된 조상이에요.
오스트랄로피테쿠스	나무도 타고 땅도 걷던 원시 인류예요.
호모 에렉투스	불을 사용하고, 멀리 이동한 인류예요.
호모 사피엔스	지금의 사람인데, 언어를 사용하고 사회를 만들었어요.
내가 만든 퍼즐 조각	호모 솔라리스 → 태양빛을 에너지로 바꾸어 사는 미래 인류예요.
시나리오 예시	투마이는 처음 두 발로 걷기 시작했어요. 오스트랄로피테쿠스는 나무를 타고 살았으며, 호모 에렉투스는 불을 사용하고 멀리 이동했어요. 지금의 사람은 호모 사피엔스인데, 미래에는 태양으로 사는 호모 솔라리스가 나타날 거예요. 뜨거운 지구에서 살아가기 위해서죠.

3) 설계도 그리기
• 퍼즐 조각을 순서대로 나열하고, 각 조각의 생김새, 특징, 도구 등을 그림으로 표현하세요. 내가 만든 미래의 퍼즐 조각은 특별한 색이나 모양으로 구분해 보세요. 말풍선에 이름과 기능을 적고, 퍼즐이 연결되도록 선을 그리세요.

표현 예시	① 투마이(두 발로 걷기 시작해요.) ② 호모 에렉투스(불을 사용하고, 멀리 이동해요.) ③ 호모 사피엔스(그림을 그릴 수 있어요.) ④ 내가 만든 퍼즐 조각 : 호모 솔라리스(태양빛을 에너지로 바꿔 사는 미래 인류예요.)

4) 발표와 친구 질문 응답

발표 항목	예시 문장
퍼즐 이름	'인류 진화 퍼즐'이에요.
내가 고른 퍼즐	투마이, 오스트랄로피테쿠스, 호모 에렉투스, 호모 사피엔스를 선택했어요.
내가 만든 퍼즐	태양빛을 에너지로 바꾸어 사는 미래 인류, 호모 솔라리스를 만들었어요.
시나리오 요약	두 발로 걸은 투마이, 불을 쓴 에렉투스, 사회를 만든 사피엔스를 거쳐 미래엔 호모 솔라리스가 나타나요.
친구 질문과 응답	호모 솔라리스는 물 없이 어떻게 살아요? → 피부로 수분을 재활용하고, 공기로 물을 만들어요.

🌱 교사용 지도 포인트

단계	유도 질문 예시
문제 인식	사람은 언제부터 지구에서 살았을까? / 지금 모습은 언제부터 시작됐을까?
퍼즐 구성	이 퍼즐 조각은 어떤 환경에서 살아갔을까? / 어떤 특징이 생존에 필요했을까?
내가 만든 퍼즐	네가 만든 퍼즐은 어떤 문제를 해결하니? / 왜 그런 능력이 필요했을까?
시나리오 구성	퍼즐 조각들이 어떻게 진화 이야기로 이어졌니? / 미래 퍼즐까지 자연스럽게 연결되었니?
발표 유도	친구의 퍼즐과 비교했을 때 어떤 점이 달랐니? / 어떤 점이 창의적이었니?

🌱 인류 계보 퍼즐 놀이 STEAM 활동 평가 루브릭

평가 항목	평가 루브릭			
	5점(매우 우수)	4점(우수)	3점(보통)	2점 이하(미흡)
과학 개념 이해(진화, 적응, 화석, 인류 계보)	진화와 인류의 계보 개념을 정확하게 이해하고, 퍼즐의 기능과 시나리오의 전개에 자연스러우면서도 논리적으로 반영함	대부분의 과학 개념이 기능 설명과 시나리오의 전개 과정에 비교적 잘 드러나 있음	과학 개념의 일부가 표현되었지만 내용이 단편적이거나 연결이 약함	개념이 거의 드러나지 않거나, 퍼즐 기능과 따로 표현되어 의미 전달이 어려움
퍼즐 구성과 흐름 완성도(퍼즐 구성+내가 만든 조각+퍼즐 연결+창의적 설계)	퍼즐 조각 흐름이 논리적으로 연결되며, 내가 만든 퍼즐도 독창적이고 문제 해결에 적절함. 시나리오 흐름도 자연스럽게 이어짐	조각의 연결이 자연스럽고, 만든 퍼즐도 포함되어 있으며, 시나리오도 잘 구성됨	기능은 있으나 연결이 단편적이고, 내가 만든 퍼즐에 대한 설명도 부족함	퍼즐이 단순 나열되고, 내가 만든 퍼즐이 없거나 창의성이 드러나지 않음
시각 표현과 설계도 완성도(퍼즐 위치, 연결 화살표, 말풍선, 조각 색상)	퍼즐의 구조와 진화 경로가 그림으로 명확하게 표현되어 있으며, 말풍선·색 구분·도구 표현 등이 시각적으로 완성도가 높게 구성됨	퍼즐 구성과 설명이 대부분 잘 연결되고, 시각 요소도 비교적 잘 표현됨	그림 또는 설명의 일부가 부족하거나, 위치와 기능 구분이 모호함	그림만 있고 설명이 거의 없거나, 퍼즐 배열이 연결 순서 없이 표현됨
설명력과 발표 참여(시나리오 설명+친구 질문 응답)	발표가 시나리오의 흐름을 따라 잘 구성되고, 내가 만든 퍼즐 조각의 기능도 자연스럽게 포함됨. 친구 질문에도 논리적으로 응답함	발표 흐름이 비교적 자연스럽고, 설명도 충실하며 질문 응답도 적절히 이루어짐	발표 내용이 짧거나 핵심이 빠져 있으며, 친구 질문에 대한 답변이 미흡함	발표가 단편적이고 친구의 질문에 대한 응답도 어려워하거나 동문서답함
참여 태도와 협력성(활동 집중도+친구와의 협력)	활동에 몰입하며 퍼즐 설계를 끝까지 성실히 완성하고, 친구와의 피드백과 협력도 활발히 이루어짐	대부분의 시간에 성실히 참여했으며 협력적으로 활동함	활동은 했지만 협력과 설계 집중이 다소 소극적임	활동 참여가 수동적이며 협력·소통의 흔적이 거의 없음

※총점 기준 해석표(총 25점)
★23~25점 : 매우 우수 ★19~22점 : 우수 ★15~18점 : 보통 ★10~14점 : 미흡 ★1~9점 : 매우 미흡

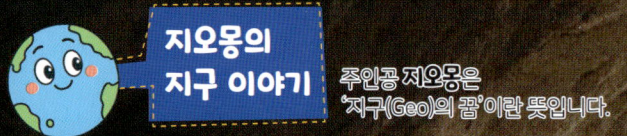

주인공 지오몽은 '지구(Geo)의 꿈'이란 뜻입니다.

사람은 언제부터 두 발로 서서 생활했을까

"어, 이거 사람 팔뼈 아니야!"

도날드 요한슨(1943~) 박사가 흥분한 목소리로 소리쳤어. 그날은 1974년 11월 24일이었지. 요한슨 박사가 이끄는 발굴 팀이 아프리카 에티오피아에 있는 하다르 마을을 뒤진 지 1년 만의 일이었어. 요한슨 박사는 먼 옛날에 살던 인류의 조상을 연구하는 미국 출신의 고인류학자야.

마을 옆으로는 아와시강이 흐르는데, 주변에는 초원이 펼쳐져 있지. 요한슨 박사가 여기 온 까닭은, 프랑스의 한 학자가 하다르에서 최초의 인류가 나왔을 거라고 주장했기 때문이었어. 이 말을 믿고 옛날 인류의 흔적을 찾기 위해 발굴 팀을 만들어 온 거야.

■ 루시의 뼈 화석이 나온 아와시강 주변의 실개천.

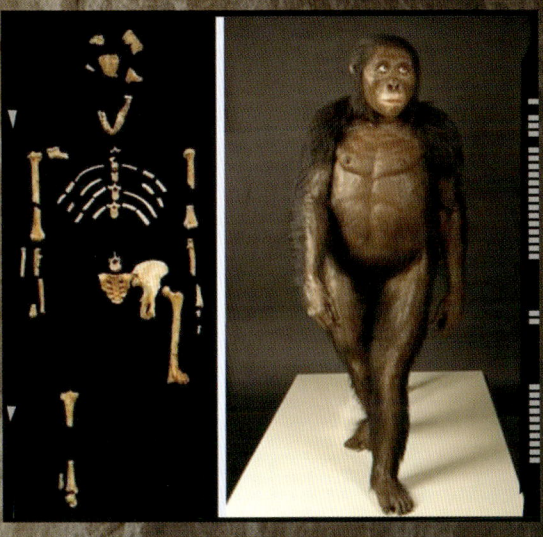
■ 루시의 뼈 화석(왼쪽 사진)과 루시를 복원한 모형.

팔뼈가 발견된 곳 주변에서는 머리뼈와 넓적다리뼈, 발가락 뼈도 발견되었어. 팀원들은 수백 개의 뼛조각 화석을 찾아냈지. 뼈 화석을 분석했더니 겉모습은 침팬지와 비슷하고, 나이는 20세쯤 된 여성의 것이었어.

놀라운 사실은 그 뼈의 주인이 약 320만 년 전에 그곳에서 살았다는 거야. 프랑스 학자의 말처럼 인류의 초기 조상 뼈였던 거였어. 발굴 팀은 뼈 화석의 주인 이름을 '루시'라고 붙였어. 루시의 키는 110센티미터, 몸무게는 30킬로그램쯤 나간대. 두뇌의 크기는 침팬지 수준이었대. 현대인의 3분의 1 크기지. 그때 인류는 몸집이 작고 지금처럼 영리하지는 못했던 거지.

무릎뼈를 보니, 루시는 사람처럼 생긴 원숭이(유인원)와 달리 두 발로 서서 걸었다고 해. 두 발로 서서 생활하는 것은 인류만이 할 수 있지. 학자들은 또 루시가 나무에서 떨어져 죽었다는 사실도 알아냈어. 컴퓨터를 이용해 뼈 사진을 찍어 봤더니 어깨와 다리, 갈비뼈 등이 모두 부러져 있었다는 거야.

루시는 왜 나무에서 떨어진 걸까. 루시가 살던 때는 서서히 기온이 떨어지면서 빙하기로 향하던 시기였어. 그전에 유인원들은 아프리카의 울창한 나무 위에서 열매를 따먹으며 살았지. 날씨가 따뜻해서 나무에는 항상 열매가 가득했어. 먹이를 구하러 내려올 필요가 없었지.

그러던 어느 날 추워지기 시작한 거야. 기온이 뚝 떨어져 열대림이 사라지고 초원이 생겼지. 일부 유인원은 먹이를 찾아 열대림이 있는 남쪽으로 이동했어. 나머지는 땅으로 내려와 먹을 것을 찾아다녔지. 땅으로 내려오자 맹수가 들끓었어. 그래서 맹수를 살피려고 허리를 편 채 수풀 너머를 살펴야 했지. 때론 나무 열매를 따려고 두 발로 서서 손을 위로 뻗쳤어.

그러다 보니 두 발로 걷게 되고, 시야가 넓어져 받아들이는 정보량이 늘었지. 두 손이 자유로워지자 도구를 만들어 사용하면서 두뇌가 발달했어. 그리고 머리가 항상 어깨 위로 고정되면서 목구멍과 입안이 넓어져 언어가 발달했던 거야.

 **진화 몸 시뮬레이터 설계**

🌱 활동 목표
* 두 발로 걷는 생활이 인류에게 어떤 변화를 가져왔는지 과학적으로 이해한다.
* 두 발로 걷기 위한 신체 구조의 변화와 적응 과정을 기능별로 나누어 분석한다.
* 진화한 몸의 기능을 조합하여 내가 만든 기능을 포함한 창의적 몸 설계를 완성한다.
* 기능 조합의 과정을 시나리오로 구성하고 설계도와 함께 발표한다.

🌱 수업 전 배경과 개념 설명
* **진화** 생물이 오랜 시간에 걸쳐 환경에 맞게 몸과 능력을 바꾸는 과정.
* **두 발 보행** 인류가 두 발로 걷기 시작하면서 손이 자유로워지고 시야가 넓어진 행동.
* **적응** 환경에 맞춰 몸이나 행동을 바꾸어 살아가는 생존 전략.
* **신체 구조 변화** 두 발 걷기에 맞춰 척추, 골반, 무릎, 손 등이 바뀌게 된 과정.
* **두뇌 발달** 손이 자유로워지고 도구 사용이 늘며 뇌가 점점 커지고 복잡해진 과정.

🌱 수업 활동

1) 문제 인식과 분석

도입 발문	루시는 왜 두 발로 걷게 되었을까요? / 두 발로 서서 걸으면 몸에는 어떤 변화가 필요했을까요? / 땅에서 살아가기 위해 어떤 기능들이 생겼을까요?
활동지 칸	빙하기가 시작되면서 루시는 땅에 내려와 두 발로 걷게 되었어요. 루시의 몸이 어떻게 바뀌었는지 알아보고, 새로운 기능을 추가해서 나만의 진화된 몸을 만들어 보려고 해요.

2) 기능 구성하기 + 시나리오 쓰기
* 아래 신체 기능 중 3~4개를 선택하고, 왜 필요한지 이유를 씁니다. 내가 만든 기능 1개를 추가합니다. 이 인류가 어떻게 살아가는지 이야기처럼 구성해 시나리오 문장으로 완성합니다.

항목	설명
시야 확장 척추	허리를 펴서 멀리 볼 수 있어요.
골반 안정판	똑바로 설 수 있도록 골반을 단단하게 잡아 줘요.
자유 손 기능	두 손이 자유로워져 도구를 만들 수 있어요.
충격 흡수 무릎	오래 걸어도 다치지 않도록 무릎이 충격을 흡수해요.
내가 만든 기능	회전 귀 → 소리가 나는 방향을 따라 자동으로 돌아가서 위험을 빨리 알아채요.
시나리오 예시	루시는 땅에서 살기 시작하면서 몸이 바뀌었어요. 먼저 척추가 곧게 펴져 멀리 볼 수 있게 되었고, 골반이 단단해져 중심을 잘 잡게 되었어요. 손이 자유로워지면서 도구를 만들었고, 나는 여기에 '회전 귀' 기능을 더했어요. 이제 루시는 더 멀리 보고, 더 빨리 움직이며 살아요.

3) 설계도 그리기
* 진화한 몸의 모습을 그리고, 각 부위에 번호나 말풍선을 붙여 기능과 그 이유를 적으세요. 내가 만든 기능은 색을 다르게 하거나 강조해서 표시하세요. 변화 과정이나 신체 구조는 자유롭게 표현해 보세요.

표현 예시	① 시야 확장 척추(허리를 세워 멀리 봐요.) ② 골반 안정판(중심을 잘 잡아요.) ③ 자유 손(도구를 들 수 있어요.) ④ 내가 만든 기능 : 회전 귀(위험한 소리를 빨리 감지해요.)

4) 발표와 친구 질문 응답

발표 항목	예시 문장
이름	'루시 모형-III'예요.
내가 고른 기능	시야 확장 척추, 골반 안정판, 자유 손, 충격 흡수 무릎을 선택했어요.
내가 만든 기능	맹수 소리를 감지하면 자동으로 방향을 바꾸는 '회전 귀'를 만들었어요.
시나리오 요약	루시는 척추를 펴고 손을 자유롭게 써서 도구를 만들고 위험을 피했어요.
친구 질문과 응답	귀가 돌아가면 어지럽지 않나요? → 귀만 돌고 머리는 고정돼 있어서 괜찮아요.

🌱 교사용 지도 포인트

단계	유도 질문 예시
문제 인식	인류는 왜 나무에서 내려왔을까? / 땅에서 살려면 어떤 변화가 필요했을까?
기능 구성	이 기능은 어떤 환경에서 쓰였을까? / 어떤 기능이 생존에 도움되었을까?
내가 만든 기능	기존 기능에는 뭐가 부족했을까? / 어떻게 보완했니?
시나리오 구성	루시의 하루는 어떻게 흘렀을까? / 기능이 생활에 어떻게 쓰였을까?
발표 유도	친구가 만든 몸과 비교했을 때 뭐가 달랐니? / 너의 아이디어 중 가장 독특한 건 뭐였니?

🌱 진화 몸 시뮬레이터 설계 STEAM 활동 평가 루브릭

평가 항목	평가 루브릭			
	5점(매우 우수)	4점(우수)	3점(보통)	2점 이하(미흡)
과학 개념 이해(진화, 적응, 두 발 보행, 도구 사용)	두 발 걷기와 관련된 인류의 진화 개념을 정확하게 이해하고, 몸의 각 기능과 시나리오 전개에 자연스럽게 반영함	개념 대부분이 기능 설명이나 이야기에 비교적 잘 드러나며, 의미 전달도 명확함	과학 개념이 일부 표현되었지만, 설명이 단편적이거나 내용 연결이 부족함	개념이 거의 드러나지 않거나, 기능과 따로 표현되어 의미 전달이 어려움
기능 구성과 흐름 완성도(기능 구성+내가 만든 기능+기능 연결+창의적 설계)	기능 작동 순서가 논리적으로 연결되고, 내가 만든 기능이 창의적이며 문제 해결에 적절함. 시나리오 전개 과정도 기능과 잘 맞물려 표현됨	기능 연결과 작동 순서가 자연스럽고, 만든 기능도 포함됨. 시나리오 구성도 탄탄함	기능은 있으나 연결이 약하고, 만든 기능도 부족함. 시나리오 구성도 단조로움	기능이 단순 나열되고, 만든 기능이 없으며 창의성도 보이지 않고 흐름이 끊김
시각 표현과 설계도 완성도(기능 위치, 말풍선, 연결 화살표, 내가 만든 기능)	신체 구조와 기능이 그림에 잘 표현되어 있고, 말풍선·색 구분·위치·연결도 뚜렷하게 드러나 있어 내용을 이해하기 쉬움	기능 위치와 설명이 대부분 적절하게 연결되고, 시각 표현도 비교적 완성도 있음	기능의 위치나 설명이 일부 부족하며, 시각 구성력도 전반적으로 떨어짐	그림만 있고 설명이 거의 없으며, 기능 구분이 모호해 내용 이해가 어려움
설명력과 발표 참여(시나리오 설명+친구 질문 응답)	발표가 시나리오 흐름을 따라 조리 있게 구성되고, 내가 만든 기능도 자연스럽게 포함됨. 친구 질문에도 논리적으로 응답함	발표 흐름이 비교적 자연스럽고, 설명도 대부분 충실함. 질문 응답도 적절함	설명이 짧거나 시나리오 구성이 약하며, 친구의 질문에 대한 응답도 부족함	발표 흐름이 단편적이고, 친구 질문에 응답하지 못하거나 관련 없는 답을 함
참여 태도와 협력성(활동 집중도+친구와의 협력)	활동에 몰입하며 설계를 끝까지 성실히 완성하고, 친구와의 피드백과 협력도 활발히 이루어짐	활동에 성실히 참여하고, 친구와 협력·의견 나눔도 잘 이뤄짐	활동은 했지만 설계·협력에 소극적이고 피드백도 부족함	활동 참여가 수동적이고, 협력·소통 흔적도 거의 없음

※총점 기준 해석표(총 25점)
★23~25점 : 매우 우수 ★19~22점 : 우수 ★15~18점 : 보통 ★10~14점 : 미흡 ★1~9점 : 매우 미흡

25 지오몽의 지구 이야기

주인공 지오몽은 '지구(Geo)의 꿈'이란 뜻입니다.

사람은 언제부터 도구를 만들어 썼을까

■ 알타미라 동굴 천장에 그려진 상처 입은 들소.

"아빠, 저거 들소 그림 아니에요?"

1879년 어느 날이었어. 마리아의 흥분한 목소리가 알타미라 동굴 안에 메아리쳤어. 그 동굴은 스페인 북쪽의 작은 산마을에 있었지. 사우투올라는 그때 여덟 살짜리 딸 마리아와 함께 동굴을 구경하고 있었어. 그 동굴은 사우투올라가 8년 전쯤에 알게 되었지.

사우투올라는 그 뒤 이곳으로 자주 놀러와 동굴을 보곤 했어. 하지만 동굴에서 그림을 발견하지는 못했지. 그런데 마리아의 눈에 벽과 천장에 그려진 그림이 들어온 거야. 상처를 입은 채 죽어가는 들소와 말, 사슴까지 수십 가지나 되었어.

■ 알타미라 동굴 벽화를 처음 발견한 마리아(왼쪽)와 아버지 사우투올라.

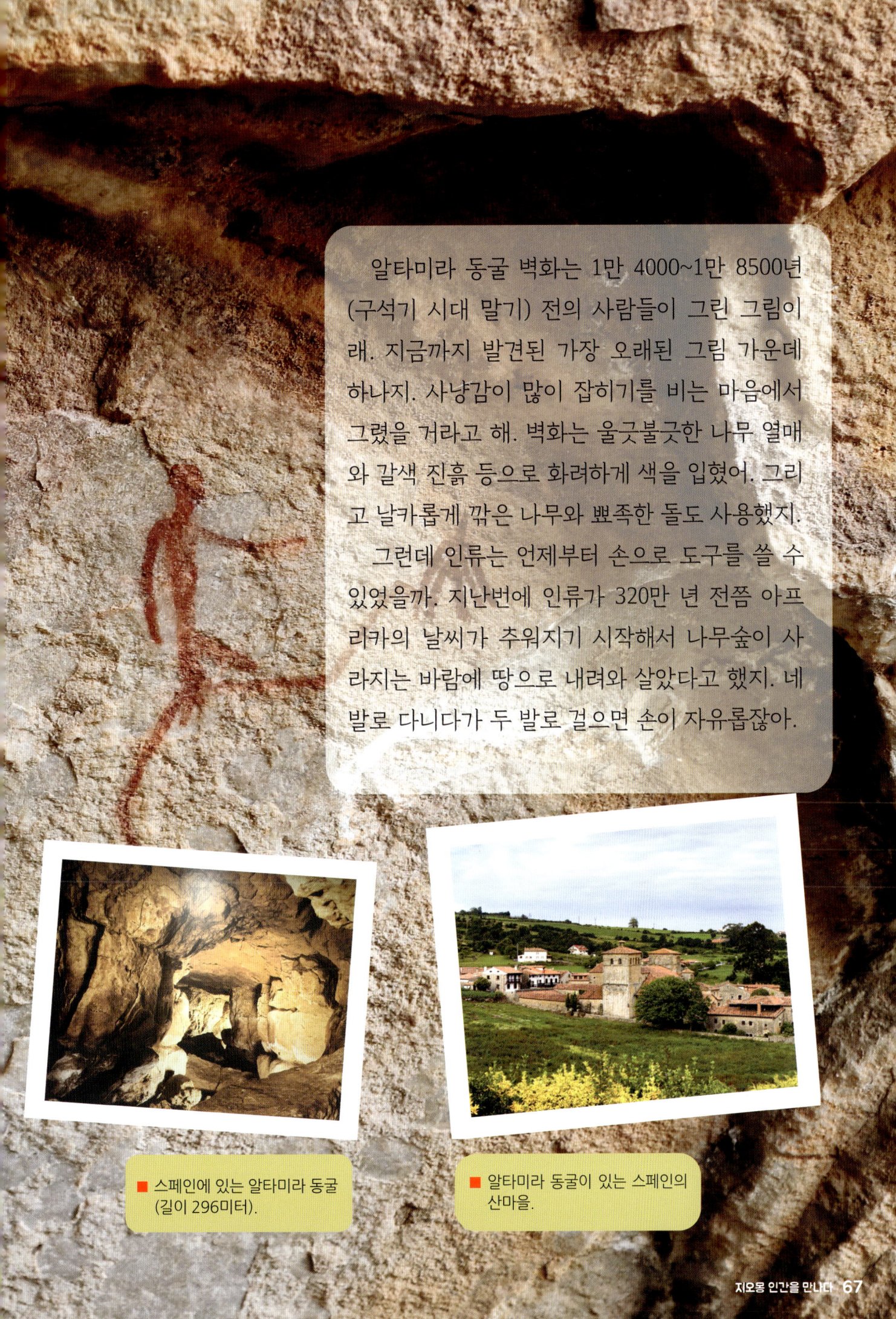

알타미라 동굴 벽화는 1만 4000~1만 8500년 (구석기 시대 말기) 전의 사람들이 그린 그림이 래. 지금까지 발견된 가장 오래된 그림 가운데 하나지. 사냥감이 많이 잡히기를 비는 마음에서 그렸을 거라고 해. 벽화는 울긋불긋한 나무 열매 와 갈색 진흙 등으로 화려하게 색을 입혔어. 그리고 날카롭게 깎은 나무와 뾰족한 돌도 사용했지.

그런데 인류는 언제부터 손으로 도구를 쓸 수 있었을까. 지난번에 인류가 320만 년 전쯤 아프리카의 날씨가 추워지기 시작해서 나무숲이 사라지는 바람에 땅으로 내려와 살았다고 했지. 네 발로 다니다가 두 발로 걸으면 손이 자유롭잖아.

■ 스페인에 있는 알타미라 동굴 (길이 296미터).

■ 알타미라 동굴이 있는 스페인의 산마을.

두 손을 마음대로 쓸 수 있다고 생각해 봐. 열매도 따 먹고, 단단한 돌도 쥘 수 있었을 거야. 작은 먹이를 잡아먹을 때 나뭇가지와 돌을 이용하면 편리하겠지. 사나운 동물과 싸울 때도 뾰족하게 생긴 돌을 써서 물리쳤을 거야.

그런데 루시처럼 맨 처음에 나타난 사람들은 도구를 만들어 쓸 만큼 손이 발달하지는 않았어. 영국과 독일의 과학자들이 2018년에 밝혀낸 사실이야. 사람들이 돌로 도구를 만들어 쓰기 시작한 것은 루시가 나무에서 내려온 뒤로도 60만 년쯤이 지난 260만 년 전부터래. 지금의 에티오피아 지역에 살던 사람들이지.

■ 옛날 사람들이 돌을 내리쳐 날카로운 조각을 떼어 낸 흔적. (사진 : 사이언스)

2센티미터

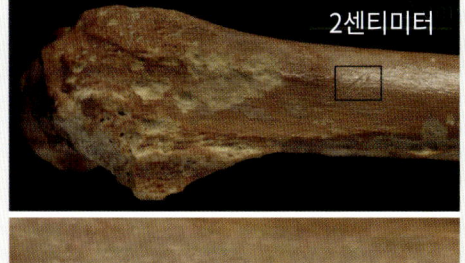

■ 홈이 파인 들소의 앞다리뼈 화석인데, 뗀석기를 이용해 살을 발라낼 때 생긴 흔적이다. 아래는 크게 한 사진. (사진 : 사이언스)

이들은 큰 돌의 가장자리를 다른 돌로 내리쳐 부스러기를 떼어 낸 뒤 날을 세워 사용했어. 이걸 뗀석기라고 불러. 뗀석기로는 무언가를 자르거나 다른 도구를 만드는 데 썼어.

아프리카의 초원에서 살던 동물들을 사냥하는 데도 뗀석기를 썼어. 영양, 멧돼지, 사슴 등이지. 그리고 코끼리나 하마처럼 큰 동물은 직접 사냥하지는 못하고 사체를 발견하면 뗀석기로 고기를 발라 먹었어. 단단한 돌을 뾰족하게 만들어 큰 동물과 맞서는 무기로도 썼으니 그만큼 생활에 유리해진 거지. 그래서 몸집도 작고 빠르지도 않은 옛날 사람들이 영양이 좋아져 더 빨리 진화할 수 있었던 거야.

도구 진화 타임라인 만들기

🌱 활동 목표

* 도구가 시대에 따라 어떻게 진화했는지 과정을 이해한다.
* 시대별 도구의 기능과 목적을 파악하고, 창의적으로 발전시킨다.
* 도구의 발전 과정을 시나리오로 구성하고 설계도로 표현한다.
* 나의 도구를 친구에게 발표하며 과거와 미래의 기술을 비교한다.

🌱 수업 전 배경과 개념 설명

* **도구** 인간이 생활이나 생존을 위해 만든 모든 물건.
* **진화** 시간 흐름에 따라 점점 기능이 더 좋아지는 변화.
* **기능** 도구가 하는 일. 예를 들면 자르기, 담기, 싸기, 지키기 등이다.
* **재료** 도구를 만들 때 사용하는 것. 예를 들면 돌, 나무, 흙, 쇠, 플라스틱 등이다.
* **공동체** 여러 사람이 모여서 함께 살아가는 생활 방식.

🌱 수업 활동

1) 문제 인식과 분석

도입 발문	사람은 왜 도구를 만들기 시작했을까요? / 도구는 시간이 지나면서 어떻게 변했을까요? / 미래에는 어떤 도구가 필요할까요?
활동지 칸	도구가 돌부터 점토, 쇠, 미래 도구로 변화하는 과정을 자세히 살펴보고, 우리 시대에 필요한 도구를 직접 새롭게 만들어 볼 거예요.

2) 기능 구성하기 + 시나리오 쓰기

- 아래 도구의 기능 중 3~4개를 선택하고, 왜 필요한지 이유를 씁니다. 내가 만든 기능 1개를 추가합니다. 이 도구를 사용하는 사람들의 생활을 이야기처럼 구성해 시나리오 문장으로 씁니다.

항목	설명
자르기	고기, 식물, 줄을 자를 수 있어요.
담기	곡식이나 물 등을 담을 수 있어요.
지피기	불을 피우거나 열을 낼 수 있어요.
막기	공격이나 비바람을 막을 수 있어요.
내가 만든 기능	에너지 변환 도끼 → 태양열로 움직이고 동시에 음식을 조리할 수 있어요.
시나리오 예시	내 도구는 처음엔 단순한 돌조각이었어요. 그 뒤 손잡이를 달고 형태를 바꾸며 점점 금속 재료로 발전했죠. 이제는 '에너지 변환 도끼'로 발전해 전기도 만들고 고기도 익힐 수 있어요. 미래에는 이 도구 하나로 요리, 작업, 생존까지 거의 모든 일을 해결할 수 있어요.

3) 설계도 그리기

- 도구를 시대 순서대로 나열하고, 말풍선에 이름, 기능, 재료, 용도를 표시하세요. 내가 만든 기능은 마지막에 크게 강조하고, 1~4단계처럼 간단한 단계도 함께 표시하세요.

표현 예시	① 뗀석기(260만 년 전 / 자르기) ② 점토 그릇(1만 년 전 / 담기) ③ 가죽 방패(기원전 3000년 / 막기) ④ 내가 만든 기능 : '에너지 변환 도끼'(미래 / 에너지 변환+자르기)

4) 발표와 친구 질문 응답

발표 항목	예시 문장
도구 이름	'에너지 변환 도끼'예요.
내가 고른 기능	자르기, 담기, 지피기, 막기 기능을 선택했어요.
내가 만든 기능	태양열로 움직이고 칼, 접시, 조리 도구로 쓸 수 있는 '에너지 변환 도끼'입니다.
시나리오 요약	이 도구 하나로 여행, 요리, 방어도 가능해 부족 사람들은 늘 들고 다녀요.
친구 질문과 응답	날씨가 흐리면 어떻게 써요? → 구름이 많을 땐 저장된 태양열을 꺼내 써요.

🌱 교사용 지도 포인트

단계	유도 질문 예시
문제 인식	도구는 왜 점점 바뀌었을까? / 사람들은 어떤 불편을 해결하려고 도구를 만들었을까?
기능 구성	도구에 어떤 기능을 넣고 싶은가? / 왜 그 기능이 필요하다고 생각하나?
내가 만든 기능	기존 도구로는 어떤 점이 부족했나? / 네가 만든 기능은 어떤 문제를 해결하나?
시나리오 구성	도구 하나로 하루를 어떻게 보낼 수 있을까? / 그 도구를 쓰는 사람은 어떤 모습일까?
발표 유도	친구의 도구와 어떤 점이 달랐나? / 내 도구의 가장 독특한 점은 무엇인가?

🌱 도구 진화 타임라인 만들기 STEAM 활동 평가 루브릭

평가 항목	평가 루브릭			
	5점(매우 우수)	4점(우수)	3점(보통)	2점 이하(미흡)
과학 개념 이해(기능, 에너지 전환, 재료의 성질, 도구의 진화)	시대별 도구의 기능과 재료 변화에 대한 개념을 정확히 이해하고, 기능 구성과 시나리오에 잘 반영함	개념이 대부분 기능 설명이나 활동 과정에 드러나며, 기능 연결도 비교적 자연스러움	과학 개념이 일부 표현되었지만 설명이 단편적이거나 기능과 연결이 약함	과학 개념이 드러나지 않거나 기능과 따로 표현되어 의미 전달이 어려움
기능 구성과 흐름 완성도(기능 구성+내가 만든 기능+기능 연결+창의적 설계)	기능 변화 과정이 논리적으로 연결되고, 만든 기능도 창의적이며 문제 해결에 적절함. 시나리오도 기능과 어울림	기능 변화 과정이 자연스럽고, 만든 기능도 포함됨. 시나리오 구성도 비교적 잘 이루어짐	기능은 있으나 연결이 약하고, 내가 만든 기능도 부족하며 시나리오는 단순함	기능이 나열되고, 만든 기능 없이 기능의 필요성과 작동 요령 등 설명두 없음
시각 표현과 설계도 완성도(도구 순서, 말풍선, 재료, 내가 만든 도구)	기능 위치와 구조가 그림에 명확히 표현되어 있으며, 말풍선과 색 구분 등 시각 자료로 이해하기 쉬움	기능의 위치와 설명이 대부분 적절하게 연결되어 있고, 시각적 표현도 비교적 완성도 있음	기능의 위치나 설명이 일부 부족하고, 시각 구성력이 전반적으로 떨어짐	그림만 있고 설명이 거의 없으며, 기능 구분이 불명확해 이해하기 어려움
설명력과 발표 참여(시나리오 설명+친구 질문 응답)	발표 흐름이 시나리오에 따라 조리 있게 구성되고, 내가 만든 기능도 잘 설명되며 질문에도 논리적으로 응답함	발표 흐름이 비교적 자연스럽고, 기능과 시나리오 설명이 충실함. 질문 응답도 적절함	설명이 짧거나 시나리오 구성력이 약함. 친구의 질문에 대한 응답도 부족함	발표 흐름이 단편적이고, 친구 질문에 응답하지 못하거나 관련 없는 답을 함
참여 태도와 협력성(활동 집중도+친구와의 협력)	활동에 몰입해 설계를 끝까지 완성하고, 친구와의 피드백·협력도 잘 이루어짐	활동에 성실히 참여하고 친구와의 협력이나 의견 나눔도 잘 이루어짐	활동은 했지만 설계·협력이 소극적이고, 피드백도 적었음	활동 참여가 수동적이고, 협력·소통 흔적이 거의 없음

※총점 기준 해석표(총 25점)
★23~25점 : 매우 우수 ★19~22점 : 우수 ★15~18점 : 보통 ★10~14점 : 미흡 ★1~9점 : 매우 미흡

26 불의 발견이 사람의 수명을 늘리다

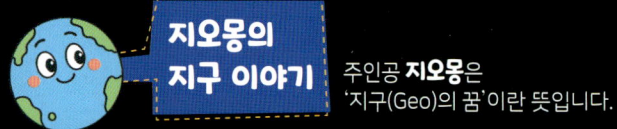

지오몽의 지구 이야기 — 주인공 **지오몽**은 '지구(Geo)의 꿈'이란 뜻입니다.

300만 년 전의 원숭이 인간(오스트랄로피테쿠스)은 평균 17~23년을 살았대. 그때 원숭이의 수명과 비슷하게 산 거지. 170만~150만 년 전에 나타난 직립 인류(호모 에렉투스)는 평균 수명이 26년이었대. 원숭이 인간보다 3~9년이 늘어난 거지. 중세 시대는 5세 이전에 죽는 인구가 많아 평균 수명이 35~40년이었고, 20세기에는 70~76년으로 늘었어. 2100년이면 120년을 살 거래.

과학과 의학이 발달하면서 사람이 사는 기간이 계속 늘어나고 있어. 사람의 수명은 1950년대에 비누가 나오면서 10년이나 확 늘어났다고 해. 손과 몸에서 해로운 병균을 씻어 낼 수 있었기 때문이야.

■ 117세로 2017년에 숨진 세계 최장수 여성인 이탈리아의 엠마 모라노.

이런 뜻이에요

중세 유럽을 기준으로 476년부터 1453년까지 약 1000년 동안의 시기.

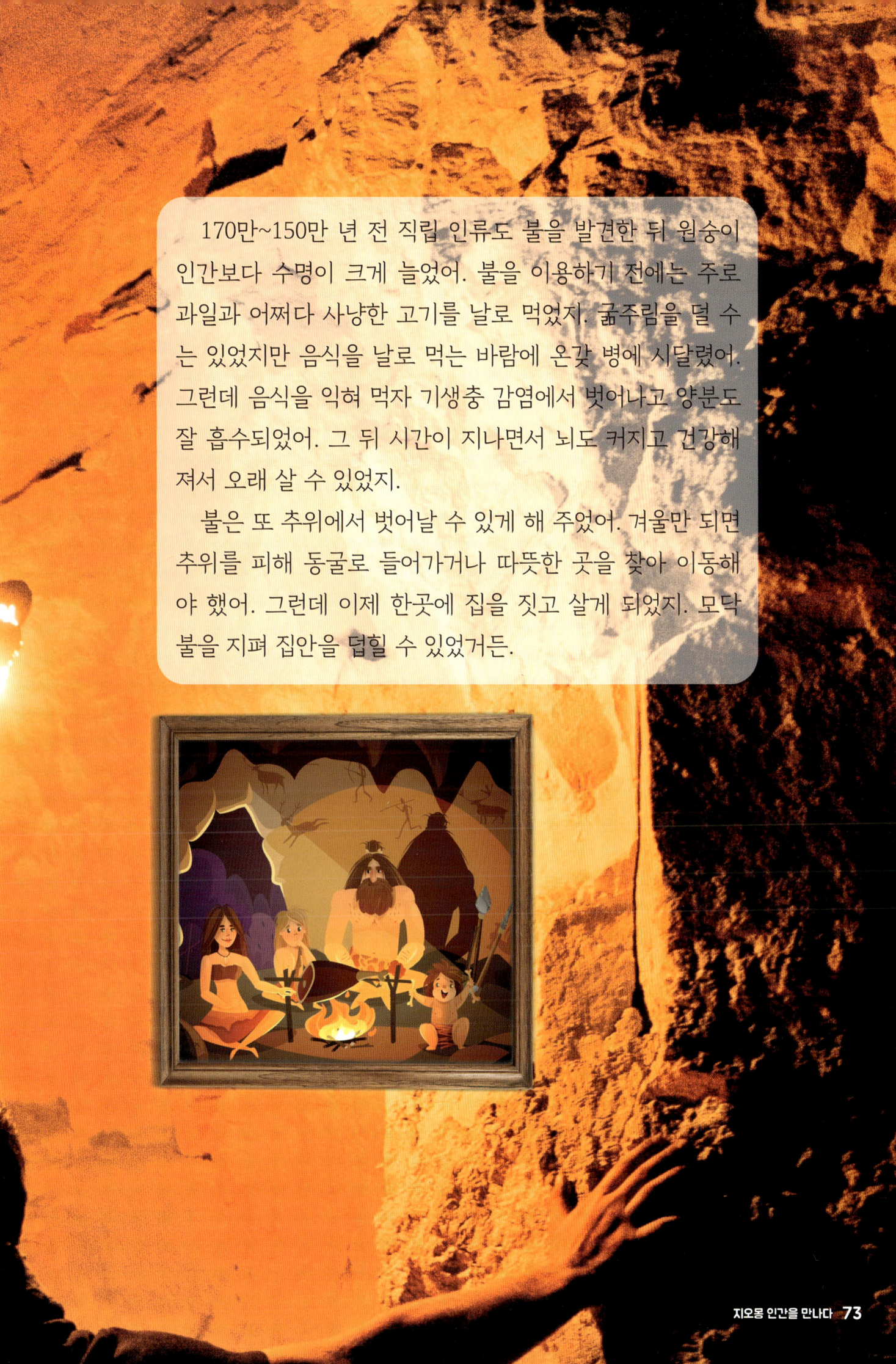

　170만~150만 년 전 직립 인류도 불을 발견한 뒤 원숭이 인간보다 수명이 크게 늘었어. 불을 이용하기 전에는 주로 과일과 어쩌다 사냥한 고기를 날로 먹었지. 굶주림을 덜 수는 있었지만 음식을 날로 먹는 바람에 온갖 병에 시달렸어. 그런데 음식을 익혀 먹자 기생충 감염에서 벗어나고 양분도 잘 흡수되었어. 그 뒤 시간이 지나면서 뇌도 커지고 건강해져서 오래 살 수 있었지.

　불은 또 추위에서 벗어날 수 있게 해 주었어. 겨울만 되면 추위를 피해 동굴로 들어가거나 따뜻한 곳을 찾아 이동해야 했어. 그런데 이제 한곳에 집을 짓고 살게 되었지. 모닥불을 지펴 집안을 덥힐 수 있었거든.

　인류는 불을 사용하면서 모닥불을 중심으로 모여들었어. 그래서 공동체가 만들어졌지. 밤에도 활동할 수 있었어. 사나운 짐승도 횃불로 쫓아냈지. 그리고 아프리카 같은 더운 곳에서 유럽이나 아시아 등 추운 곳으로 이동해 살 수 있었지.

　음식물을 끓이려고 흙으로 빚은 그릇을 불에 구우면 단단해진다는 사실도 알았어. 불로 금속도 녹일 수 있었지. 칼과 창 이외에도 여러 도구를 쇠로 만들었어. 전쟁할 때 쇠로 만든 칼과 창은 나무로 만든 창과 비교할 수도 없었지. 그래서 불을 잘 다룰 줄 아는 부족이 금속 무기를 만들어 여러 부족을 합쳐 나라를 만드는 데 유리해진 거야.

직립 인류는 불을 자연에서 발견했어. 번개를 맞은 나무가 활활 타오르는 거야. 화산 때문에 일어난 불과 햇빛이 너무 강해 자연적으로 일어난 불도 있었어. 그 모습을 처음 보았을 때는 두려운 마음에 다가가지 못했지. 그런데 불이 꺼지고 시커멓게 그을린 동물을 먹어 보니 맛이 기막혔어. 불에 가까이 가면 따뜻하다는 사실도 알았지.

처음에는 어딘가에서 불이 나면 그걸 살려서 썼어. 아무것도 없는 데서 불씨를 얻기는 쉽지 않았어. 그래서 시간이 오래 흐른 뒤에야 불을 피우는 방법을 알았지. 부싯돌을 부딪쳐 불꽃을 내거나 나뭇가지를 비벼 불을 일으켰어.

불 사용과 수명 연장 원인 찾기

🌱 활동 목표
* 불이 인류의 생활을 어떻게 바꾸었는지 과학적으로 이해한다.
* 불의 사용이 사람의 수명을 늘린 여러 이유를 기능별로 분석한다.
* 건강, 에너지, 위생 등 생존과 연결된 요소를 조합해 생존 전략을 시나리오로 표현한다.
* 불 사용 전후의 변화를 기능별로 비교해 그림과 말풍선에 담고, 변화의 원인과 영향을 분석한다.

🌱 수업 전 배경과 개념 설명
* **수명** 생물이 태어나서 죽을 때까지 살아가는 기간.
* **감염** 세균이나 바이러스 같은 병균이 몸에 들어와 아프게 하는 것.
* **소화** 몸에 들어온 음식을 잘게 부수고 흡수하는 과정.
* **보온** 몸을 따뜻하게 유지해서 병이나 저체온을 막는 일.
* **공동체** 여러 사람이 모여서 함께 살아가는 생활 방식.

🌱 수업 활동

1) 문제 인식과 분석

도입 발문	불을 사용하기 전에 사람들은 왜 수명이 짧았을까요? / 불을 어떻게 사용하면서 사람들의 생활이 달라졌을까요? / 불은 사람의 생존과 건강에 어떤 기능을 해서 도움을 주었을까요?
활동지 칸	불을 사용하면서 사람들은 더 오래 살 수 있게 되었어요. 불이 사람의 몸과 생활에 어떤 도움을 주었는지 분석해 보고, 그 기능을 하나의 '생존 조합'으로 만들어 볼 거예요.

2) 기능 구성하기+시나리오 쓰기

• 아래 생존 기능 중 3~4개를 선택하고, 필요한 이유를 씁니다. 내가 만든 기능 1개를 추가합니다. 이 사람들이 불을 사용하며 어떻게 사는지 이야기처럼 구성해 시나리오 문장으로 씁니다.

항목	설명
음식 익히기	날고기를 익혀서 먹으면 감염 위험이 줄고, 소화가 더 잘 됩니다.
물 끓이기	더러운 물을 끓이면 병균이 죽어서 안전하게 마실 수 있어요.
불 가열 침상	모닥불 옆에서 자면 체온을 유지해 추위를 이겨 낼 수 있어요.
불빛 감시	밤에도 불빛으로 주변을 살펴 짐승이나 위험을 미리 알 수 있어요.
내가 만든 기능	연기 탈균기 → 연기를 그릇이나 도구에 쐬면 병균이 사라져요.
시나리오 예시	우리 부족은 불을 사용해 날고기를 익혀 먹고, 물도 끓여 마시기 때문에 배탈이 줄었어요. 침상 옆에 불을 두면 따뜻하게 잘 수 있고, 밤에는 불빛으로 주변을 살피며 짐승을 피할 수 있어요. 제가 만든 '연기 탈균기'로 도구도 깨끗하게 만들어, 불 덕분에 더 오래 살 수 있어요.

3) 설계도 그리기

• 불을 중심으로 생존 시스템을 그리고, 기능 위치와 흐름을 순서대로 나타내세요(예 : 불 → 음식 익힘 → 건강). 각 기능에 말풍선을 달고, 내가 만든 기능을 강조해 표시하세요.

표현 예시	① 불 가열 침상(잠자리를 따뜻하게) ② 물 끓이기 구덩이(구덩이에 가죽을 펼치고 불에 달군 돌을 넣음) ③ 음식 굽는 돌판(기생충 제거) ④ 내가 만든 기능 : 연기 탈균기(바위 그릇 소독)

4) 발표와 친구 질문 응답

발표 항목	예시 문장
시스템 이름	'건강불 세트'예요.
내가 고른 기능	음식 익히기, 물 끓이기, 불 가열 침상, 불빛 감시 기능을 선택했어요.
내가 만든 기능	연기를 이용해 도구를 소독하는 '연기 탈균기'를 새로 만들었어요.
시나리오 요약	불로 고기를 익히고 물을 끓였어요. 침상에서 따뜻하게 자고, 불빛으로 밤을 지켰어요.
친구 질문과 응답	비 오는 날엔 불이 꺼지지 않도록 어떻게 했나요? → 돌 지붕(바위 밑 공간) 아래 모닥불을 피웠어요.

🌱 교사용 지도 포인트

단계	유도 질문 예시
문제 인식	불을 쓰기 전엔 어떤 문제가 있었을까? / 왜 불이 필요했을까?
기능 구성	이 기능은 몸에 어떻게 좋아? / 오래 살게 된 이유는 뭘까?
내가 만든 기능	어떤 문제를 해결해? / 어떻게 작동해?
시나리오 구성	낮엔 어떻게 살았을까? / 밤엔 불이 왜 중요했을까?
발표 유도	친구와 어떤 점이 달랐어? / 왜 네 기능이 특별했을까?

🌱 불 사용과 수명 연장 원인 찾기 STEAM 활동 평가 루브릭

평가 항목	평가 루브릭			
	5점(매우 우수)	4점(우수)	3점(보통)	2점 이하(미흡)
과학 개념 이해(불, 건강, 생존 조건, 수명 연장)	불의 활용이 건강, 위생, 생존에 어떻게 연결되는지를 과학적으로 정확히 이해하고, 기능 구성과 시나리오에 논리적으로 반영함	개념이 대부분 기능이나 설명 속에 나타나고, 연결도 비교적 자연스러움	과학 개념이 일부 표현되었지만 설명이 단편적이거나 기능과 연결이 약함	과학 개념이 드러나지 않거나 기능과 따로 표현되어 의미 전달이 어려움
기능 구성과 흐름 완성도(기능 선택+내가 만든 기능+기능 연결+창의적 설계 포함)	기능 전개 과정이 논리적으로 연결되고, 내가 만든 기능이 창의적이며 문제 해결에 적절함. 시나리오도 기능과 잘 맞물려 표현됨	기능 전개가 자연스럽고, 내가 만든 기능도 포함됨. 시나리오도 잘 구성됨	기능은 있으나 연결이 약하고, 만든 기능도 부족함. 시나리오는 단순함	기능이 나열된 수준이고, 만든 기능은 없으며 창의성이나 연결성이 거의 없음
시각 표현과 설계도 완성도(기능 위치, 순서, 말풍선, 내가 만든 기능)	기능의 위치와 전체 구조가 그림에 명확히 표현되어 있으며, 말풍선과 색 구분 같은 시각 요소도 잘 활용되어 쉽게 이해됨	기능 위치와 설명이 적절히 연결되고, 시각적 표현도 비교적 완성도가 있음	기능의 위치나 설명이 일부 부족하고, 시각 구성력도 전반적으로 떨어짐	그림만 제시되고, 설명은 거의 없으며 도구들의 기능 구분이 모호하게 표현되어 있음
설명력과 발표 참여(시나리오 설명+친구 질문 응답)	발표 흐름이 시나리오를 따라 조리 있게 구성되고, 내가 만든 기능도 자연스럽게 설명됨. 친구 질문에도 논리적으로 응답함	발표 흐름이 자연스럽고, 기능과 시나리오 설명도 충실함. 질문 응답도 적절함	설명이 짧거나 시나리오 구성력이 약함. 친구의 질문에 대한 대답도 부족함	발표 흐름이 단편적이고, 친구 질문에 응답하지 못하거나 관련 없는 답을 함
참여 태도와 협력성(활동 집중도+친구와의 협력)	활동에 몰입하며 설계를 끝까지 성실히 완성하고, 친구와의 피드백과 협력도 활발히 이루어짐	성실히 참여하고, 친구와 협력이나 의견 나눔도 잘 이루어짐	참여는 했지만 설계 협력이 소극적이고, 피드백도 부족함	활동이 수동적이며, 협력과 소통이 거의 드러나지 않음

※총점 기준 해석표(총 25점)
★23~25점 : 매우 우수 ★19~22점 : 우수 ★15~18점 : 보통 ★10~14점 : 미흡 ★1~9점 : 매우 미흡

27 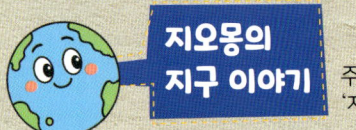 주인공 **지오몽**은 '지구(Geo)의 꿈'이란 뜻입니다.

농사를 지으면서 생긴 변화

　나무에서 생활하던 루시가 320만 년 전 기온이 점점 떨어지고 기후가 건조해지면서 땅으로 내려왔지. 그전에는 아프리카의 울창한 나무 위에서 열매를 따 먹으며 살았지. 날씨가 따뜻해 나무에는 항상 열매가 가득했어. 하지만 기온이 떨어지면서 열매가 부족해졌지.

　땅으로 내려오자 사나운 짐승을 피하며 식량을 구하려고 뛰어다녀야 했어. 주변의 나무에서 남은 과일이나 열매를 따 먹고, 들에서 자란 들보리나 수수, 야생 귀리 등 야생 곡물을 받아 먹었지. 영양이나 작은 사슴류, 멧돼지 등 짐승도 사냥했어. 강에서는 물고기를 잡아먹고 바다에서는 조개를 캐 먹었지.

　그렇게 300만 년이 넘게 흘렀어. 그리고 1만 년 전의 신석기 시대야. 그전에는 돌을 떼어 내 그대로 쓴 구석기 시대야. 그런데 이때부터는 돌을 갈아서 원하는 모양을 만들어 썼지. 빙기가 끝나고 기온이 다시 올라가던 때여서 매머드 같은 덩치 큰 동물이 사라지기 시작했어. 대신 사슴이나 토끼 등 덩치가 작은 동물이 늘어났어.

　하지만 작은 동물은 움직임이 빨라 사냥하다가 허탕을 치기 쉬웠지. 인구도 늘어났어. 그러니 짐승이나 물고기를 사냥하고, 열매를 따는 방법으로는 식량을 대기 어려웠어. 굶지 않으려면 식량을 구하는 방법을 바꿔야 했지.

■ 신석기 시대 돌로 만들어 쓰던 도구들.

어느 날, 지난해 야생 곡물이 버려진 자리에서 똑같은 야생 곡물이 자라는 모습이 보였어. 바로 그거였어. 밀의 씨앗을 받아다 땅에 뿌리니 밀이 많이 자라는 거야. 보리와 옥수수, 콩도 같은 방식으로 뿌리고 가꿨지. 나중에는 벼도 가꾸기 시작했어.

들판에서 받아다 키운 야생 곡물은 낟알이 크지 않고, 양도 많지 않았어. 시간이 지나면서 낟알이 크고 수확량도 많은 곡식만 골라 심었지. 그랬더니 낟알의 크기가 점점 커지고 수확량도 많아진 거야. 동물도 마찬가지였어. 개와 고양이, 양, 말, 소, 염소, 당나귀도 사람과 함께 도움을 주고받으며 집에서 키우게 되었지.

농사가 잘되고 물이 많은 강가나 바닷가로 사람들이 모여 들기 시작했어. 자연스럽게 마을을 이루어 살게 되었지. 사람들은 함께 살면서 힘을 합쳐 농사도 짓고 집도 지었어. 농사 지식과 생활 방법도 서로 나누기 시작했지. 사람들의 지식은 늘었고, 혼자서 무엇을 해 보지 않고도 여러 가지 지식을 한꺼번에 쌓을 수 있었지.

새로 배운 지식으로 농사를 지으니 곡식이 더욱 늘었어. 그리고 농사를 짓는 기술이 좋은 사람들은 재산이 쌓였지. 그러면서 부자와 가난한 사람이 생겼어. 이때부터 힘이 센 사람이 약한 사람의 재산을 빼앗는 전쟁도 자주 일어났어.

지오몽 인간을 만나다

농경 마을 설계

🌱 활동 목표
* 농경이 시작된 이유와 농경 이후의 생활 방식의 변화를 이해한다.
* 농사를 바탕으로 마을이 어떻게 생겼는지 구조와 기능을 설계한다.
* 마을의 기능 구성과 삶의 변화를 시나리오로 설명한다.
* 설계도와 말풍선을 바탕으로 발표하고 친구와 의견을 나눈다.

🌱 수업 전 배경과 개념 설명
* **농경** 땅에 씨앗을 뿌리고 곡식을 기르는 생활 방식.
* **정착** 떠돌지 않고 한곳에 머물러 사는 삶.
* **공동체** 여러 사람이 함께 일하며 살아가는 마을.
* **지식 공유** 생활 속 경험과 방법을 함께 나누는 일.
* **사유 재산** 내가 기른 곡식이나 모은 물건이 내 것이 되는 것.

🌱 수업 활동

1) 문제 인식과 분석

도입 발문	사냥과 채집만으로는 왜 식량이 부족했을까요? / 사람들이 땅에 씨앗을 심고 농사를 짓기 시작한 이유는 무엇일까요? / 농사를 시작한 마을에는 어떤 변화가 생겼을까요?
활동지 칸	나의 마을은 ○○강 근처에 있어요. 사람들은 농사를 짓고, 함께 도구를 나누며 지식을 모아요. 어떤 사람들이 모여 살고, 어떤 일이 벌어졌는지 구체적으로 적어 보세요.

2) 기능 구성하기+시나리오 쓰기

• 아래 마을 기능 중 3~4개를 선택하고, 왜 필요한지 이유를 씁니다. 내가 만든 기능 1개를 추가합니다. 이 마을에서 사람들이 어떻게 살아가는지 이야기처럼 구성해 시나리오 문장으로 씁니다.

항목	설명
물 저장 연못	비가 안 올 때 쓰기 위해 물을 모아요.
공동 창고	곡식과 도구를 함께 보관해요.
씨앗 보관 방	좋은 씨앗을 골라 저장해요.
가축우리	소나 돼지 같은 동물을 기르고 돌봐요.
내가 만든 기능	지식 나눔 집 → 농사법을 함께 배우고 알려 주는 곳이에요.
시나리오 예시	'햇살 마을' 사람들은 봄마다 씨앗을 심고, 여름에는 연못 물로 밭에 물을 줘요. 가을에는 곡식을 공동 창고에 보관하고, 겨울에는 지식 나눔 집에서 서로 농사법을 가르쳐요. 사람들이 함께 일하고, 나누고, 도우며 즐겁게 살아가는 따뜻하고 평화로운 마을이에요.

3) 설계도 그리기

• 마을 모습을 그림으로 그리고, 연못·밭·창고·가축우리 등 구역을 나누어 표시해요. 말풍선이나 라벨로 기능의 이름과 역할을 적고, 내가 만든 기능도 함께 넣어 마을 구성을 완성해요.

표현 예시	① 연못(물이 없을 때 사용) ② 씨앗 방(좋은 씨앗 저장) ③ 창고(곡식 보관) ④ 지식 나눔 집(농사법 교육)

4) 발표와 친구 질문 응답

발표 항목	예시 문장
마을 이름	'햇살 마을'이에요.
내가 고른 기능	물 저장 연못, 씨앗 보관 방, 가축우리, 공동 창고를 선택했어요.
내가 만든 기능	농사 지식을 함께 나누는 공간인 '지식 나눔 집'을 새로 만들었어요.
시나리오 요약	봄에는 씨앗을 심고, 가을에는 나누고 저장해요. 겨울엔 공부도 해요.
친구 질문과 응답	가뭄이 오면 어떻게 해요? → 그래서 연못을 만들었어요.

🌱 교사용 지도 포인트

단계	유도 질문 예시
문제 인식	왜 농사를 시작했을까? / 어떤 문제가 있었을까?
기능 구성	이 기능은 어떤 문제를 해결하지? / 왜 이게 필요했을까?
내가 만든 기능	네가 정한 공간은 왜 만들었지? / 어떤 역할을 하지?
시나리오 구성	하루 동안 무슨 일이 생길까? / 계절마다 뭐가 다를까?
발표 유도	친구의 마을과 다른 점은? / 네 마을의 자랑은 뭐야?

🌱 농경 마을 설계 STEAM 활동 평가 루브릭

평가 항목	평가 루브릭			
	5점(매우 우수)	4점(우수)	3점(보통)	2점 이하(미흡)
과학 개념 이해(농경, 정착, 공동체, 지식 나눔)	농경, 정착, 공동체 변화를 이해하고 설계·설명에 자연스럽게 표현함. 개념이 기능 구성과 이야기에 잘 드러남	개념이 대부분 표현되고, 선택한 기능과 마을 구조가 비교적 잘 연결됨. 설명도 대체로 명확함	개념은 있으나 연결이 약하며, 설명이 짧고 핵심이 없음. 기능 연계도 약함	개념 이해가 없거나 오해가 있으며, 기능과 설명이 어긋나 전달이 혼란스러움
기능 구성과 흐름 완성도(기능 구성+내가 만든 기능+기능 연결+창의적 설계)	기능들이 상황에 맞게 연결되고, 만든 기능도 독창적으로 설계됨. 생활 전개가 시나리오처럼 구성되어 잘 드러남	기능 구성과 생활 전개가 대부분 적절하고, 만든 기능도 있음. 시나리오 전개도 적절함	기능은 구성되었지만, 만든 기능이 없거나 생활 전개가 단순하며 시나리오도 단편적임	기능이 나열되고, 내가 만든 기능이 없음. 시나리오도 없고 기능 연결이 부족함
시각 표현과 설계도 완성도(기능 위치, 공간 배치, 말풍선, 내가 만든 기능)	마을 구조와 기능 위치가 설계도에 명확히 표현됨. 색 구분, 말풍선, 만든 기능도 포함되어 완성도가 높음	기능 위치와 구조가 잘 표현되고, 말풍선과 설명도 명확함. 전체적으로 보기 쉬움	일부 기능이나 설명이 부족하고, 그림과 설명이 맞지 않아서 설계 완성도가 떨어짐	그림만 있고 설명이 없거나, 기능의 위치와 역할이 드러나지 않아 이해하기 어려움
발표력과 질문 응답(시나리오 설명+친구 질문 응답)	기능과 생활 전개를 시나리오로 설명하고, 친구 질문에도 논리적·창의적으로 답함. 발표도 자연스럽고 적극적임	발표 과정이 자연스럽고, 시나리오 설명과 기능 소개가 잘됨. 질문에도 대부분 응답함	설명이 단편적이고 시나리오의 표현력도 부족함. 친구 질문에 대한 응답도 짧음	발표가 소극적이며 설명 흐름이 불분명하고, 친구 질문에 적절하게 응답하지 못함
참여 태도와 협력성(설계 집중도+친구와의 협력)	활동에 몰입해 설계를 완성하고, 친구 협력과 피드백도 잘함. 태도에 책임감이 있음	성실히 참여하고, 친구와의 협력이나 발표 준비도 비교적 적극적임	활동에 참여는 했지만 친구와의 협력과 소통이 다소 소극적임	활동에 수동적이며, 설계·발표·협력에서 적극성이 부족함

※총점 기준 해석표(총 25점)
★23~25점 : 매우 우수 ★19~22점 : 우수 ★15~18점 : 보통 ★10~14점 : 미흡 ★1~9점 : 매우 미흡

Chapter 5

에너지 자원

28 화석 연료는 어떻게 만들어지나
29 우리나라는 왜 석유가 안 날까
30 태양과 바람을 이용한 전기 만들기

28  지오몽의 지구 이야기

주인공 지오몽은 '지구(Geo)의 꿈'이란 뜻입니다.

화석 연료는 어떻게 만들어지나

'쥬라기 공원'을 보면 엄청나게 큰 공룡이 나오지. 이 영화는 미국의 스티븐 스필버그(1946~) 감독이 1993년에 만들었어. 그런데 공룡을 어떻게 탄생시켰냐고? 호박에 갇힌 모기의 피에서 공룡의 유전자를 뽑아 만든 걸로 나와. 모기가 호박에 갇히기 전에 공룡의 피를 빨은 거지.

호박은 먹는 게 아니고, 소나무에서 나온 송진이 땅속에 파묻혀 만들어진 화석이야. 땅속에 파묻힌 채 수백만 년 넘게 높은 열과 압력을 받으면 화석이 되는데, 값이 꽤 나가는 보석이야. 보석은 다이아몬드나 금처럼 거의 모두 광물로 이루어지지. 그런데 호박은 식물의 성분이 굳어진 보석이야.

■ 호박에 갇힌 모기.

■ 흔적 화석인 공룡 발자국 화석.

오늘은 지구 온난화의 주범인 화석 연료 얘기를 하려고 해. 그런데 화석이 무엇인지부터 알아야 할 거 같아 얘기를 꺼낸 거야. 화석은 죽은 동물이나 식물의 몸이 오랜 세월 동안 땅속에 묻혀 돌처럼 딱딱하게 만들어진 거야. 발자국 화석처럼 흔적이 굳어 만들어진 것도 화석이라고 해.

그런데 죽은 동식물은 오랫동안 땅속에서 열과 압력을 받으면 석탄이나 석유, 천연가스처럼 다른 물질로 바뀌기도 해. 이들 물질에 불을 붙이면 높은 열을 내며 타오르지. 이런 물질을 가리켜 화석 연료라고 부르는 거야.

석탄은 수억 년 전 주로 늪지대에 자라던 식물들이 땅속에 묻힌 뒤, 땅이 누르는 압력과 높은 열을 받아 만들어졌어. 석탄은 옛날에 연탄을 만드는 원료로 쓰였지. 지금은 발전소의 연료로 많이 쓰여.

　석유는 바다에 살던 플랑크톤 등 미생물이 땅에 묻힌 뒤 석탄처럼 높은 압력과 열을 받아 만들어졌어. 주로 자동차와 난방 연료로 사용되지. 나일론과 스티로폼, 보온재, 필름, 플라스틱 등 생활에 필요한 여러 물건을 만드는 원료가 되기도 해.

　천연가스는 주로 석유나 석탄이 묻힌 곳에서 나오는 가스야. 100년 전까지만 해도 쓰임새를 몰라 태워 없앴어. 그런데 오늘날에는 난방을 하거나 요리할 때 사용하고, 자동차의 연료로도 인기야.

■ 탄광에서 캔 석탄.

■ 석탄으로 만든 연탄에 불을 붙인 모습.

　화석 연료는 만들어지는 데도 오래 걸리고, 한 번 쓰고 나면 다시 쓸 수도 없어. 양도 얼마 남지 않았대. 지금처럼 마구 쓰면 100년 안에 석탄을 뺀 석유와 천연가스가 모두 바닥날 수도 있대. 에너지 절약을 위한 노력이 필요한 거지.

　문제는 또 있어. 화석 연료를 태울 때 이산화탄소가 나오잖아. 이게 지구 온난화를 일으키는 주범이야. 이산화탄소가 우주로 달아나는 열을 붙잡아 기온을 높이기 때문이야. 그러니 어쩌겠어. 가까운 곳은 걸어 다니고, 자가용보다는 대중교통을 이용해야지. 물건도 아껴 쓰고, 냉난방 온도는 알맞게 유지하고 말이야.

 ## 화석 연료 생성 지도 만들기

🌱 활동 목표
* 석탄, 석유, 천연가스가 어떤 생물에서, 어떤 조건을 거쳐 만들어졌는지 이해한다.
* 화석 연료가 만들어지는 수억 년의 과정을 이야기와 지도 표현으로 연결한다.
* 에너지 캐릭터를 창의적으로 구성하고, 환경 변화와 지속 가능성을 이야기로 확장한다.
* 에너지의 생성과 사용 과정을 그림과 이야기로 표현하고, 지구를 지키는 방법을 토의한다.

🌱 수업 전 배경과 개념 설명
* **화석 연료** 옛날 동식물이 땅속에서 열과 압력을 오래 받아 에너지가 된 것.
* **석탄** 식물과 나무가 묻혀 압력과 열을 받아 검은 돌처럼 된 연료.
* **석유** 바다에 살던 생물이 기름으로 변함.
* **천연가스** 석유와 함께 나오는 연료.
* **열·압력·시간** 안에서 뜨거워지고, 땅이 눌러 주고, 아주 오래 걸림.

🌱 수업 활동

1) 문제 인식과 분석

도입 발문	석탄이 나무에서 만들어졌다는 말이 정말일까요? / 아주 오래된 나무는 어떤 과정을 거쳐 에너지로 바뀌었을까요? / 나는 어떤 에너지였고, 예전에는 어떤 모습의 생물이었을까요?
활동지 칸	이 활동은 생물이 에너지로 바뀌는 여정을 '나의 이야기'로 표현하는 것입니다. 어떤 생물이었고, 어떤 과정을 거쳐 지금 어떻게 쓰이는지를 지도로 나타냅니다.

2) 조건 구성하기+감정 시나리오 쓰기

• 아래 화석 연료 생성 조건 중 3~4개를 고르고, 나만의 조건 1개를 추가합니다. 조건이 땅속에서 어떤 순서로 작용해 화석 연료가 만들어지는지 이야기 형식으로 씁니다.

항목	설명
식물·생물	나무나 미생물처럼 땅속에 묻힌 생물이 에너지의 재료가 돼요.
묻힘	진흙이나 모래 아래 깊이 파묻히면서 공기와 닿지 않게 돼요.
열	땅속 깊은 곳에서 올라오는 열이 생물을 천천히 바꿔 줘요.
시간	수백만 년이 지나면서 생물의 성분이 점점 바뀌게 돼요.
내가 만든 조건	화산재 차단막 → 화산재가 생물을 덮어 산소를 차단해 화석이 되는 환경을 만들어요.
시나리오 예시	저는 바닷속을 떠다니던 아주 작은 생물이었어요. 화산이 폭발하면서 화산재 차단막에 덮여 저는 진흙과 함께 묻혔어요. 산소가 끊기고 열이 오래 머물면서, 제 몸은 빠르게 변화하기 시작했지요. 수백만 년이 지난 지금, 저는 석유가 되어 깊은 땅속에 잠들어 있어요.

3) 화석 연료 생성 지도 그리기

• 내가 만든 에너지 캐릭터가 화석 연료가 되기까지의 과정을 지도로 그리고, 각 장소나 조건이 어떤 역할을 했는지 말풍선이나 짧은 문장으로 자세히 표현해 보세요.

표현 예시	① 숲에서 식물로 시작 → 나는 나무였어요. ② 진흙에 묻히는 장면 → 몸이 눌리기 시작했죠. ③ 지하로 깊이 내려가며 열·압력 받음 → 점점 뜨거워지면서 변했어요. ④ 석탄으로 변화 → 이제 돌이 됐어요. ⑤ 굴착기와 발전소 → 석토리, 전기를 만들러 간다.

4) 발표와 친구 질문 응답

발표 항목	예시 문장
캐릭터 이름	'석토리'예요.
내가 고른 조건	식물·생물, 묻힘, 열, 시간 조건을 골랐어요.
내가 만든 조건	화산재 차단막이 생물을 덮어서 산소를 막고, 열과 압력을 오래 유지하게 해 줬어요.
시나리오 요약	저는 바다의 미생물이었어요. 퇴적물에 덮이고, 오랫동안 열과 압력을 받아 석유가 되었어요.
친구 질문과 응답	다시 미생물로 돌아갈 수 있어요? → 아니오, 이미 에너지로 쓰여서 돌아갈 수 없어요.

🌱 교사용 지도 포인트

단계	유도 질문 예시
문제 인식	석유는 어디서 온 걸까? / 에너지는 어떻게 만들어졌을까?
조건 구성	왜 땅속에 묻혔을까? / 왜 그렇게 뜨거워졌을까?
내가 만든 조건	너만의 조건은 뭐였니? / 그건 왜 필요했을까?
시나리오 구성	어떤 일이 먼저 일어났지? / 마지막엔 어떻게 변했을까?
발표 유도	네 캐릭터는 뭐가 특별했어? / 친구 이야기랑 뭐가 달랐을까?

🌱 화석 연료 생성 지도 만들기 STEAM 활동 평가 루브릭

평가 항목	평가 루브릭			
	5점(매우 우수)	4점(우수)	3점(보통)	2점 이하(미흡)
과학 개념 이해(생물, 묻힘, 열, 시간)	화석 연료가 되는 생물과 화석 연료의 생성 조건(묻힘·열·시간)을 잘 이해하고, 시나리오와 지도에 잘 반영함	화석 연료의 생성 조건을 대부분 이해하고, 시나리오와 지도에 대체로 잘 표현함	생성 조건 일부만 언급하거나, 설명이 단편적이고 시나리오와 연결이 불분명함	과학 개념의 이해가 부족하거나 표현이 부정확하고, 활동 내용과도 잘 연결되지 않음
조건 구성과 흐름 완성도(조건 구성+내가 만든 조건+조건 연결+창의적 설계)	선택한 조건과 내가 만든 조건이 논리적이고 흥미롭게 구성되었으며, 시나리오와 설계에 창의적으로 잘 반영됨	조건이 분명하고 만든 조건도 있으며, 이야기와 설계에 창의적으로 반영됨	조건은 구성되었지만 만든 조건이나 시나리오가 단조롭고 부자연스러움	퇴적, 열, 압력 등 조건은 있으나 과정 전개가 단조롭고, 시나리오에 창의성이 부족함
시각 표현과 지도 설계도 완성도(변화 흐름, 조건 위치, 말풍선, 색상 구분)	흐름선, 색상, 말풍선, 위치 구성이 명확하고, 시각적 이해를 돕는 요소가 다양하며 효과적으로 포함됨	흐름선, 색상, 말풍선 등 시각 요소가 고르게 표현돼 의미 전달에 도움이 됨	시각 요소의 일부가 빠지거나 과정과 연결되지 않아 의미 전달이 부족함	설계 구성이 단편적이며 시작부터 끝까지 과정 전개가 연결이 안 돼 의미 전달이 어려움
설명력과 발표 참여(시나리오 설명+친구 질문 응답)	발표가 조리 있고 자신감 있게 이루어졌으며, 친구의 질문에도 적극적으로 응답하고 내용을 정확히 전달함	발표 흐름이 자연스럽고 내용도 잘 설명되며, 친구 질문에도 잘 응답함	발표가 짧거나 핵심이 부족하고, 질문 응답도 단편적으로 이루어짐	발표 전개가 약하고 내용 전달이 미흡하며, 질문에 대한 응답이 거의 이뤄지지 않음
참여 태도와 협력성(활동 집중도+친구와 협력)	활동에 성실하고 적극적으로 참여했으며, 친구와의 협력과 피드백도 활발히 이루어짐	활동에 집중하며 대부분 친구와 협력하고 의견을 나눔	활동 과제는 수행했지만 친구와의 협력이나 소통은 제한적임	활동 참여가 수동적이고 친구와의 협력이나 상호 작용이 거의 없음

※총점 기준 해석표(총 25점)
★23~25점 : 매우 우수 ★19~22점 : 우수 ★15~18점 : 보통 ★10~14점 : 미흡 ★1~9점 : 매우 미흡

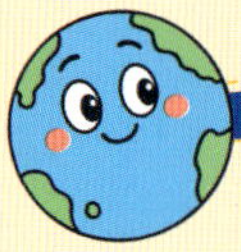

주인공 **지오몽**은 '지구(Geo)의 꿈'이란 뜻입니다.

우리나라는 왜 석유가 안 날까

2024년 우리나라의 대통령이 동해의 영일만 앞바다에 석유와 천연가스가 많이 묻혀 있다고 발표했어. 석유는 나라 전체가 4년쯤 쓸 수 있고, 천연가스는 29년쯤 쓸 수 있는 양이래. 영일만에서 석유와 천연가스가 나오는지는 구멍을 뚫어 탐사를 해 봐야 알아.

석유가 만들어지려면 바다나 호수에 살던 미생물들이 죽어 밑바닥으로 가라앉아 차곡차곡 쌓여야 해. 또 그 위로 모래나 진흙이 재빨리 덮여 물과 섞이지 않도록 막아 줘야지. 그럼 일부 미생물들의 몸이 분해되지 않고 보존돼. 시간이 갈수록 미생물들과 그 위를 덮은 진흙과 모래로 이뤄진 지층이 늘어나지.

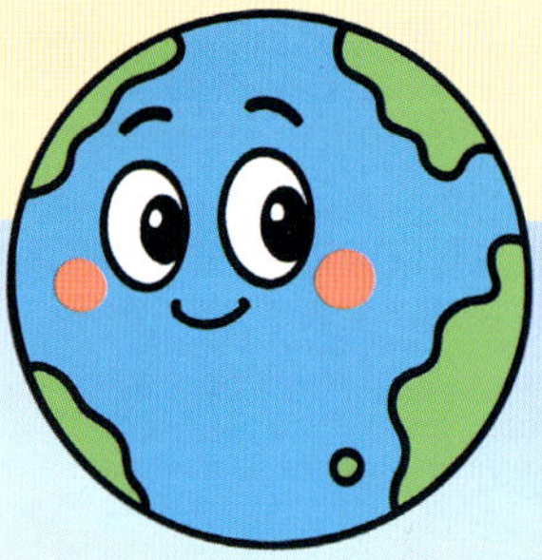

■ 석유와 가스가 묻혀 있다고 알려진 동해 영일만 앞바다.

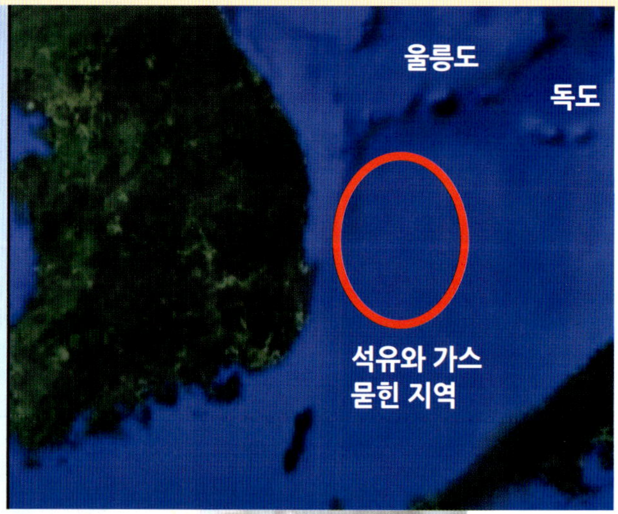

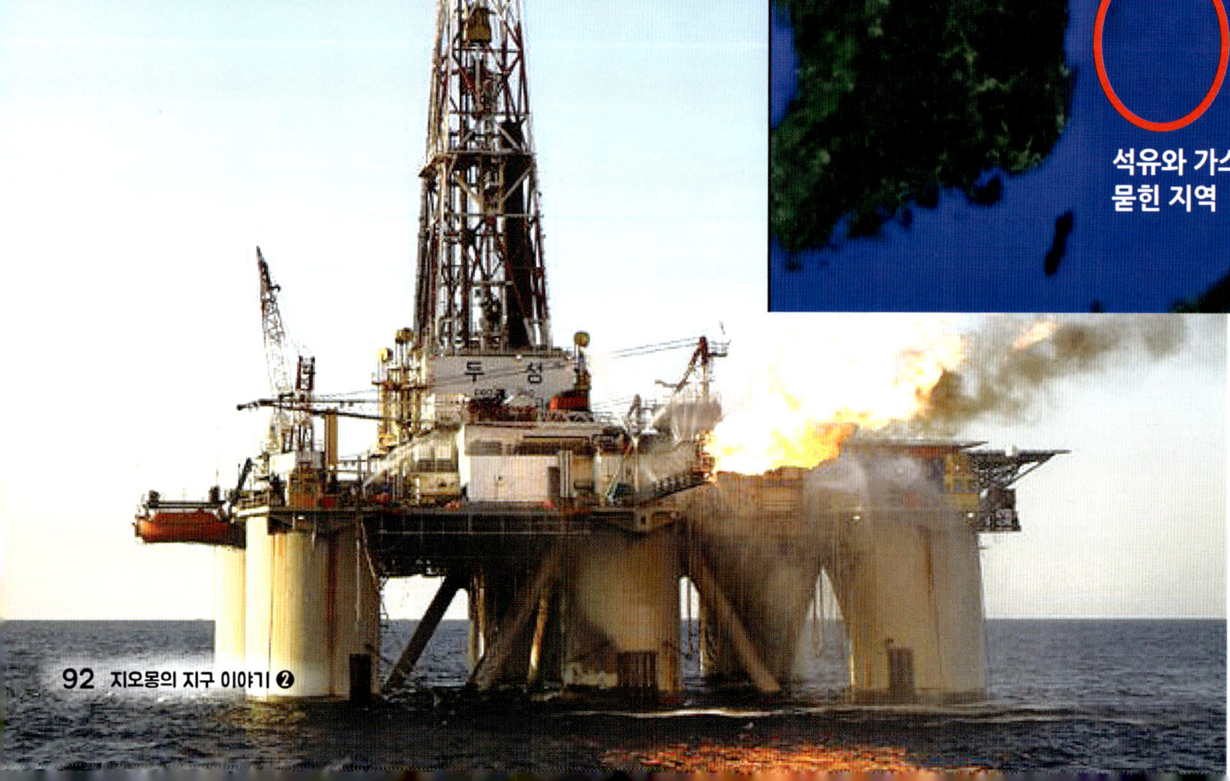

시간이 지나면서 미생물 위로 진흙과 모래가 쌓여 지층이 점점 두껍고 무거워져. 그 무게 때문에 지층은 더 깊이 땅속으로 가라앉게 되지. 지층이 깊어질수록 압력과 온도도 높아지는데, 이때 미생물 몸속의 탄소가 석유나 천연가스로 바뀌기 시작해.

이렇게 생긴 석유와 천연가스는 바위틈을 따라 위로 올라가다가, 위에 단단한 바위(덮개암)가 있으면 더 이상 올라가지 못하고 그 아래에 모이게 돼. 가벼운 가스는 위에, 석유는 그 아래, 물은 맨 아래에 고여. 아래는 구멍이 많은 저장암, 위는 단단한 덮개암이야. 이런 환경이 오래되면 석유와 천연가스가 점점 더 많이 쌓이게 돼.

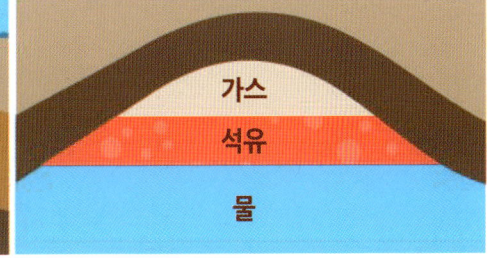

그러니까 석유가 나오려면 수백만 년 전엔 그곳이 바다였어야 한다는 말이야. 석유는 공룡이 멸종한 약 6600만 년 전부터 170만 년 전 사이에 많이 만들어졌어. 그때 바다엔 플랑크톤과 물고기가 아주 많았다고 해.

지금 석유가 많이 나오는 사우디아라비아 같은 중동 지역은, 그때는 얕고 넓으며 따뜻한 바다였지. 그래서 플랑크톤이 무척 많이 살았던 거야. 그 뒤 시간이 흐르면서 바다가 육지로 바뀌었고, 지금은 그 땅을 파면 석유가 많이 나오는 거지. 그러나 우리나라는 그보다 훨씬 전부터 육지였기 때문에, 바다 생물이 쌓이지 못해 석유가 거의 없는 거야.

■ 지금 석유가 많이 나오는 사우디아라비아 등 중동 지역은 옛날에 바다였다.

■ 석유를 생산하려면 석유가 있는지 구멍을 뚫어서 확인하는 과정을 거쳐야 한다.

석유를 뽑아 쓸 수 있는지 알아보려면, 석유가 있을 만한 곳에 작은 구멍을 먼저 뚫어 봐야 해. 이러한 과정을 시추라고 해. 구멍을 뚫으면서 땅속의 돌과 흙을 꺼내서 석유가 있는지 확인하지. 이때 구멍의 지름이 땅 위에서는 50~60센티미터인데, 맨 아래쪽은 15~30센티미터까지 좁아져. 밑으로 갈수록 압력이 세서 구멍을 좁혀야 더 쉽게 뚫을 수 있거든.

석유가 있는 지층까지 많게는 깊이 4000미터까지 파야 해. 석유가 발견되면, 그때는 더 크고 깊은 구멍을 뚫기 위해 큰 장비를 사용해. 구멍을 다 뚫은 뒤에는 석유를 끌어올릴 펌프를 설치하지. 펌프를 이용하면, 빨대로 음료를 마시듯 땅속 석유를 쭉 빨아 올릴 수 있어.

나만의 시추 장비 만들기

🌱 활동 목표

* 석유가 만들어지는 지층과 자원 생성 과정을 과학적으로 이해한다.
* 석유가 고이는 구조와 시추의 원리를 바탕으로 장비를 논리적으로 설계한다.
* 설계 내용을 그림과 말로 표현하며 발표할 수 있다.
* 장비 작동 과정과 장비 구성의 타당성을 스스로 설명하고 질문에 응답한다.

🌱 수업 전 배경과 개념 설명

* **석유 생성** 바닷속 미생물이 진흙에 묻혀 오랜 시간 열과 압력을 받아 석유로 바뀜.
* **지층 구조** 석유는 딱딱한 바위 아래 고여야 밖으로 새지 않음.
* **시추** 석유가 있을 가능성이 있는 땅에 구멍을 뚫어 확인하고 샘플을 뽑아내는 일.
* **저장암 구조** 석유나 천연가스가 땅속에서 만들어져 모일 수 있는 암석층.
* **덮개암 구조** 석유가 새지 않도록 위에서 덮어 주는 딱딱한 땅속 바위층.

🌱 수업 활동

1) 문제 인식과 분석

도입 발문	석유는 어떤 땅속 구조에서 만들어질까요? / 땅속 깊은 곳에 있는 석유를 어떻게 찾아서 뽑아낼 수 있을까요? / 시추 장비에는 어떤 기능이 필요할까요?
활동지 칸	이 활동은 석유가 땅속에서 어떻게 만들어지고 모이는지 알아본 뒤, 그 석유를 찾아서 뽑아 올릴 수 있는 나만의 시추 장비를 직접 설계해 보는 활동이에요.

2) 기능 구성하기 + 시나리오 쓰기

- 아래 기능 중 3~4개를 고르고, 내가 만든 기능 1개도 추가해서 그 기능이 왜 필요한지 적어 보세요. 내 장비가 석유를 찾고 뽑아내는 과정도 이야기로 써 보세요.

항목	설명
드릴	단단한 땅을 뚫어요.
센서	석유 냄새나 압력 변화를 감지해요.
샘플 추출기	땅속 흙이나 액체를 조금 뽑아 분석해요.
펌프	석유를 위로 끌어올려요.
내가 만든 기능	자동 냉각 장치 → 장비가 뜨거워지면 식혀 줘요.
시나리오 예시	내 장비는 드릴로 단단한 땅을 뚫고, 센서로 석유 냄새와 압력 변화를 감지해요. 샘플 추출기로 분석한 뒤 석유가 있으면 펌프로 끌어올려요. 장비가 뜨거워지면 자동 냉각 장치가 작동해서 장비를 안전하게 보호해요. 작업을 마친 뒤 장비는 지상으로 무사히 돌아왔어요.

3) 시추 장비 설계도 그리기

- 지층 반절 템플릿에 장비의 나머지 구조를 완성해 보세요. 각 기능이 어디에 있는지 위치를 구분하고, 말풍선에 써서 그 기능의 역할을 설명해 보세요.

표현 예시	① 이건 드릴이에요. 단단한 바위를 뚫어요. ② 센서는 냄새를 감지해서 석유가 있는지 알려 줘요. ③ 펌프는 석유를 위로 끌어올리는 장치예요. ④ 여기는 덮개암이 있어서 석유가 새지 않아요. ⑤ 내가 만든 냉각 장치는 장비가 너무 뜨거워지는 걸 막아 줘요.

4) 발표와 친구 질문 응답

발표 항목	예시 문장
로봇 이름	'드릴마스터 9000'이에요.
내가 고른 기능	드릴, 센서, 샘플 추출기, 펌프를 선택했어요.
내가 만든 기능	장비를 식혀 주는 '자동 냉각 장치'를 새로 만들었어요.
시나리오 요약	드릴로 땅을 뚫고, 센서와 샘플 추출기로 석유를 확인한 뒤 펌프로 끌어올렸어요.
친구 질문과 응답	펌프는 언제 작동해요? → 샘플 추출기로 석유가 확인된 뒤에 작동해요.

🌱 교사용 지도 포인트

단계	유도 질문 예시
문제 인식	시추 장비는 왜 필요할까? / 석유는 어디에 고일까?
기능 구성	이 기능은 어떤 역할을 할까? / 없으면 어떤 문제가 생길까?
내가 만든 기능	네가 만든 기능은 어떤 상황에서 필요할까? / 친구들의 기능과 어떤 점이 다르니?
시나리오 구성	네 장비는 어떤 순서로 작동해? / 드릴로 뚫는 일부터 펌프로 퍼 올리는 과정까지의 흐름을 말해 볼래?
발표 유도	네가 만든 기능은 왜 필요해? / 친구의 장비와 뭐가 달라?

🌱 나만의 시추 장비 만들기 STEAM 활동 평가 루브릭

평가 항목	평가 루브릭			
	5점(매우 우수)	4점(우수)	3점(보통)	2점 이하(미흡)
과학 개념 이해(석유 생성, 지층 구조, 덮개암, 탐사 기술)	과학 개념을 정확히 이해하고, 설계 구조와 설명에 구체적이며 자연스럽게 반영해서 연결하여 잘 표현함	과학 개념 대부분이 기능 설명과 구조 위치 표현에 비교적 잘 드러나 있음	일부 구성은 표현되어 있으나 장비의 작동 순서나 기능 구분이 모호함	과학 개념이 약하며 기능과 연결되지 않고 용어 사용도 불분명함
기능 구성과 흐름 완성도(기능 구성+내가 만든 기능+기능 연결+창의적 설계)	기능이 실제 시추 과정처럼 논리적으로 연결되고, 내가 만든 기능도 창의적으로 포함되어 전체 과정이 자연스럽게 구성됨	기능들 간의 연결과 내가 만든 장치의 작동 과정이 대부분 자연스럽게 표현되어 있음	기능은 갖춰져 있으나 서로의 연결이 단조로우며, 내가 만든 기능이 약함	기능이 단순 나열되고, 연결성이나 만든 기능이 드러나지 않음
시각 표현과 설계도 완성도(지층 템플릿, 기능 흐름, 부품 배치, 선·색)	설계도가 템플릿 구조에 맞춰 위치와 설명이 명확하게 구분되며, 기능 작동 과정이 잘 보이도록 효과적으로 표현됨	설계도의 기능 설명과 위치가 대부분 보기 좋게 배치되어 이해하기 쉬움	일부 시각적 구성은 되어 있으나 연결선이나 기능 구분이 모호해 구조가 뚜렷하지 않음	그림만 제시되고, 장비의 기능 설명이나 구조적인 표현이 거의 없음
설명력과 발표 참여(시나리오 설명+친구 질문 응답)	기능에 대한 설명과 시나리오의 흐름이 조리 있게 이어지며, 친구의 질문에도 논리적이고 구체적으로 잘 응답함	발표 과정이 자연스럽고, 친구의 질문에도 비교적 적절하고 성실하게 응답함	설명이 짧거나 진행 방식이 서툴고, 친구 질문에도 단편적으로 응답함	설명이나 발표가 아주 미흡하고, 친구 질문에 응답하지 못함
참여 태도와 협력성(활동 집중도+친구와의 협력)	활동에 집중하며 설계를 성실하게 완성했고, 친구와의 소통과 협력도 적극적으로 이루어짐	활동에 집중하며 설계를 성실히 끝냈고, 친구와 의견도 잘 나눔	활동은 수행했지만 친구와 협력이나 피드백에는 소극적임	활동에 다소 소극적이고 협력이나 소통이 거의 없음

※총점 기준 해석표(총 25점)
★23~25점 : 매우 우수 ★19~22점 : 우수 ★15~18점 : 보통 ★10~14점 : 미흡 ★1~9점 : 매우 미흡

30

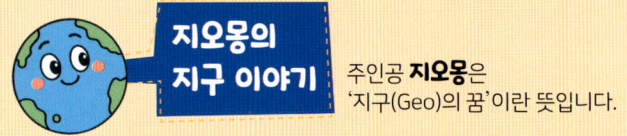

지오몽의 지구 이야기 주인공 **지오몽**은 '지구(Geo)의 꿈'이란 뜻입니다.

태양과 바람을 이용한 전기 만들기

사람들은 불을 켜고, TV를 보고, 휴대 전화를 충전하면서 전기를 써. 전기의 대부분은 석탄이나 천연가스 같은 화석 연료를 태워서 만들어. 하지만 화석 연료는 한 번 쓰면 사라지기 때문에 점점 줄고 있어. 게다가 연료를 태울 때 나오는 이산화 탄소 때문에 지구가 점점 더워지고 있어. 북극의 얼음이 녹고, 날씨가 이상해지면서 동물도 사람도 힘들어지고 있지.

이제는 전기를 만드는 방법도 바꿔야 해. 햇빛이나 바람처럼 자연에서 계속 생기는 에너지를 재생 에너지라고 해. 이 에너지는 다시 쓸 수 있고, 지구를 해치지도 않아. 이런 에너지를 더 많이 써야 해.

> **이런 뜻이에요**
> 화석 연료 석탄, 석유, 천연가스처럼 땅속에 오랫동안 묻힌 동식물이 화석처럼 변해서 생긴 에너지 자원.

화력으로 전기 만드는 방법

보일러　　터빈　　발전기

전기는 대부분 발전소에서 만들어져. 발전소에서는 열로 물을 끓여서 나오는 수증기로 터빈을 돌려. 터빈은 날개처럼 생긴 바퀴인데, 터빈이 돌면 함께 붙은 발전기도 돌아. 발전기 안에 있는 자석이 전선 가까이서 빠르게 움직이면 전기가 생겨. 그래서 터빈이 돌아야 전기가 만들어지는 거야.

화력 발전은 석탄, 석유, 천연가스를 태워서 열을 만드는데, 이산화탄소 같은 오염 물질이 나와. 원자력 발전은 우라늄을 쪼개서 열을 만들지. 그러나 방사능 물질이 생겨서 위험할 수 있어. 두 방식 모두 열로 물을 끓여 수증기를 만들고, 그 힘으로 전기를 생산해.

이런 뜻이에요

터빈　물이나 수증기, 바람의 힘으로 돌게 만든 큰 바퀴. 바퀴가 돌면 발전기가 함께 돌아서 전기를 만들 수 있다.
우라늄　무거운 금속 가운데 하나. 원자력 발전소에서 열을 만들 때 쓰이는데, 자연에서 아주 적은 양만 나온다.
방사능　우라늄 같은 물질이 쪼개질 때 나오는 에너지. 몸에 맞으면 암이나 백혈병 등 질병에 걸릴 수 있다.

태양광 발전

햇빛을 이용해 전기를 만드는 방법은 두 가지가 있어. 첫 번째는 태양광 발전이야. 태양 전지판은 햇빛을 받으면 안에 있는 작은 입자(전자)들이 전기를 만들어 내. 하지만 태양은 밤에 없기 때문에, 낮에 생산한 전기를 배터리에 저장해 두었다가 밤에 꺼내 써야 해.

태양열을 이용해서도 전기를 만들어. 햇빛을 모아서 물을 데워 수증기를 만들고, 이 수증기로 터빈을 돌려 전기를 만드는 거야. 햇빛으로 주전자의 물을 끓여서 나오는 수증기로 기계를 돌리는 것과 비슷한 거야. 두 가지 방식 모두 공기를 더럽히지 않는 깨끗한 에너지야.

태양열 발전

이런 뜻이에요
태양 전지판 햇빛을 받아 전기를 만들어 내는 판. 빛을 받으면 안에 있는 입자들이 움직여 전기가 생긴다.
입자 물질을 이루는 아주 작은 알갱이. 눈에는 보이지 않지만, 전기나 빛처럼 움직이며 일을 할 수 있다.

바람도 전기를 만드는 데 쓰이지. 바람이 불면 풍력 터빈이라는 큰 바람개비가 움직여. 이때 바람개비와 발전기가 연결된 축과 발전기가 함께 돌아서 전기를 만들어 내지. 풍력 발전은 공기를 오염시키지 않고, 이산화탄소도 나오지 않아서 친환경적이야.

바람은 바닷가나 산처럼 바람이 강하고 자주 부는 곳에서 잘 활용돼. 특히 바다는 바람이 세게 부는 날이 많아서 해상 풍력 발전소도 많이 세워져 있어. 바람은 날씨에 따라 다르지만, 햇빛이 없어도 전기를 만들 수 있어. 풍력 발전은 태양광 발전과 함께 중요한 재생 에너지 가운데 하나야.

나만의 발전소 만들기

🌱 활동 목표
* 다양한 전기 생산 방식(화석 연료, 원자력, 태양광, 태양열, 풍력)의 원리를 이해한다.
* 각 발전 방식의 장단점을 분석하고, 환경과 미래를 고려해 발전 방식을 선택한다.
* 선택한 발전 방식을 바탕으로 나만의 발전소 구조를 창의적으로 설계해 표현한다.
* 발전소의 전기 흐름과 기능을 시각적으로 구성하고, 광고처럼 기능과 구조를 설명한다.

🌱 수업 전 배경과 개념 설명
* **화석 연료** 석탄, 석유, 천연가스처럼 땅속에서 생긴 자원. 사용하면 줄어들고 공기를 더럽힌다.
* **재생 에너지** 햇빛, 바람, 물처럼 자연에서 계속 얻을 수 있는 깨끗한 에너지.
* **태양광** 햇빛을 전기 에너지로 바꾸는 방식. 태양 전지판을 사용한다.
* **풍력** 바람이 큰 바람개비(터빈)를 돌려 전기를 만드는 방식.
* **터빈** 바람이나 수증기의 힘으로 돌아가는 큰 바퀴. 발전기와 연결되어 전기를 만든다.

🌱 수업 활동

1) 문제 인식과 분석

도입 발문	전기는 어떻게 만들어질까? / 석탄을 계속 써도 괜찮을까? / 햇빛이나 바람으로도 전기를 만들 수 있다면 어떤 방식이 더 좋을까?
활동지 칸	지금부터 당신은 발전소를 설계하는 에너지 과학자입니다. 다양한 발전 방식 중 하나를 선택하여 나만의 발전소를 만들고, 그 구조와 장점을 광고 포스터 형식으로 표현해 보세요.

2) 발전소 구성하기+시나리오 쓰기

* 재생 에너지(태양광, 태양열, 풍력) 중 하나를 골라, 에너지의 종류와 작동 방식, 장단점을 정리하고, 내가 만든 기능을 넣어 작동 과정과 전기의 쓰임을 이야기로 표현하세요.

항목	설명
태양광 전지판	햇빛을 받아 전기를 만들어 배터리에 저장해요.
배터리 저장 장치	만든 전기를 저장해서 밤이나 흐린 날에도 쓸 수 있어요.
전선 연결 장치	전기를 기계나 기기로 보내요.
전력 분배 장치	전기를 여러 곳에 골고루 나눠 보내요.
내가 만든 기능	자동 회전 전지판 → 전지판이 태양을 따라 움직이며 햇빛을 더 잘 받아요.
시나리오 예시	'선플렉스 발전소'는 햇빛을 받아 전기를 만들고 배터리에 저장해요. 저장된 전기는 전선을 통해 가로등과 냉장고에 나눠 보내져요. 제가 만든 자동 회전 전지판은 태양을 따라 움직이며 발전 효율을 크게 높여요. 덕분에 마을은 밤에도 밝게 유지되어요.

3) 발전소의 발전 흐름과 광고 그리기

* 발전소의 이름을 짓고, 발전소의 구조와 발전 흐름을 그림으로 표현하세요. 화살표로 흐름을 나타내고, 장치마다 기능과 장점을 말풍선으로 나타내세요. 광고 문구도 간단히 넣어 보세요.

표현 예시	① 발전소 이름 : 선플렉스 발전소　② 주요 장치 : 태양광 전지판, 회전 전지판, 저장 배터리 ③ 발전 흐름 : 햇빛 → 전지판 → 전기 생성 → 배터리 → 전등 ④ 말풍선 : 전기를 깨끗하게 만들어요.　⑤ 광고 문구 : 에코 에너지로 우리 마을 밝혀요!

4) 발표와 친구 질문 응답

발표 항목	예시 문장
발전소 이름	'선플렉스 발전소'예요.
내가 고른 기능	태양광 전지판, 배터리 저장 장치, 전선 연결 장치, 전력 분배 장치를 선택했어요.
내가 만든 기능	태양을 따라 움직이는 자동 회전 전지판을 새로 만들었어요.
시나리오 요약	흐린 날에도 전기를 만들 수 있어서, 마을의 가로등과 냉장고가 꺼지지 않아요.
친구 질문과 응답	밤에는 어떻게 작동해요? → 낮에 만든 전기를 배터리에 저장해 밤에 써요.

🌱 교사용 지도 포인트

단계	유도 질문 예시
문제 인식	전기는 어디서 생길까? / 발전소는 왜 필요할까?
기능 구성	어떤 에너지를 쓰는 발전소야? / 어떤 장치들이 필요할까?
내가 만든 기능	네가 만든 기능은 왜 필요해? / 어떤 문제를 해결해 줘?
시나리오 구성	전기 흐름은 어떻게 이어져? / 어디로 전기를 보내지?
발표 유도	친구의 발전소랑 뭐가 달라? / 가장 중요한 기능은 뭐였어?

🌱 나만의 발전소 만들기 STEAM 활동 평가 루브릭

평가 항목	평가 루브릭			
	5점(매우 우수)	4점(우수)	3점(보통)	2점 이하(미흡)
과학 개념 이해(에너지 종류, 에너지 전환, 회로 구성, 발전 원리)	전기 생성 원리를 정확히 이해하고, 설명과 시나리오에 자연스럽고 명확하게 잘 반영함. 용어 사용도 과학적으로 정확함	대부분의 개념을 이해하고 표현하며, 설명 흐름도 자연스럽고 개념 연결도 있음	개념은 일부 드러나지만 연결이 약하거나 설명이 부족함. 용어 사용도 미흡함	개념이 거의 드러나지 않거나 오해가 포함되어 있고, 설명도 불명확함
기능 구성과 흐름 완성도(발전소 선택+내가 만든 기능+발전 흐름+창의적 설계)	전개와 구성 요소가 논리적으로 연결되고, 내가 만든 기능이 문제 해결에 적절히 활용됨. 전체 진행도 조리 있음	구성과 과정 진행이 대부분 연결되고, 만든 기능도 포함됨. 일부 연결은 부족함	기능은 있으나 전개가 단조롭고 만든 기능이 약하거나 의미 전달이 부족함	구성과 형태가 단순 나열되고, 내가 만든 기능이 거의 드러나지 않음
시각 표현과 포스터 완성도(장치, 기능, 발전→사용 경로, 광고 문구)	구조와 기능이 명확히 표현되어 있고, 말풍선·화살표·광고 문구 등 시각 요소도 조화롭고 효과적으로 구성됨	대부분의 시각 요소가 적절히 표현되고, 각 요소의 설명도 비교적 명확히 드러남	그림은 있으나 설명이 부족하고, 위치나 발전→사용 경로가 다소 불분명하게 보임	그림은 있지만 설명이 거의 없으며, 기능 작동 순서도 잘 드러나지 않음
설명력과 발표 참여(시나리오 설명+친구 질문 응답)	시나리오 흐름이 조리 있고, 나만의 기능도 잘 설명하며 친구 질문에도 과학 개념을 바탕으로 정확히 응답함	발표 흐름과 친구 질문 응답이 자연스러우며, 만든 기능 설명도 구체적으로 포함됨	설명이 짧거나 발표의 핵심 내용이 부족하고, 친구의 질문에 대한 응답도 소극적임	발표 흐름이 약하고, 친구의 질문에 대한 응답도 과학 개념에 근거하지 못함
참여 태도와 협력성(활동 집중도+친구와의 협력)	활동과 발표에 집중하며 설계 과정에 몰입하고, 친구와 협력과 피드백에도 적극 참여함	대부분 성실히 참여하고, 친구와 하는 소통과 협력도 원활함	활동에는 참여했지만 집중도가 낮고, 친구와 협력이 부족함	활동은 했지만 역할 수행과 협력에 참여 흔적이 거의 없음

※총점 기준 해석표(총 25점)
★23~25점 : 매우 우수 ★19~22점 : 우수 ★15~18점 : 보통 ★10~14점 : 미흡 ★1~9점 : 매우 미흡

활동 지침서
(16~30)

*교과 연결(초3-1 과학 3단원 '동물의 한살이' / 초4-2 과학 1단원 '식물의 생활' / 초5-2 과학 2단원 '생물과 환경')

16·사라진 늑대 재판 활동 해설지

📖 활동 개요

늑대의 생태계 역할을 분석하는 과학(S), 자료를 시각화하는 기술(T), 생물 간 관계와 구조를 설계하고 재판 형식으로 표현하는 공학(E), 발언과 자료를 논리적·시각적으로 구성하는 예술(A), 생태 변화와 수치를 비교·해석하는 수학(M)이 융합된 STEAM 활동입니다.

📖 활동 준비물

주제별 준비물(교사 준비)은 생물 간 상호작용과 먹이 사슬 관계를 이해하는 자료이며, 창의 재료는 동물의 주요 기능과 입장을 반입체 구조와 시각 자료로 표현합니다.

구분	준비물
기본 준비물	연필, 지우개, 자, 가위, 커터 칼, 딱풀(쓰기·지우기·선 긋기·자르기·붙이기), 색연필(그림 색칠), 사인펜(먹이 단계 강조)
공통 준비물	A4 용지(시나리오와 역할 작성), A4 활동지(선택한 기능 설명과 재판 설계도 작성), 색종이(먹이 사슬 단계 표현), 포스트잇(주장 정리와 생물 간 관계 토의 메모), 말풍선·라벨지·스티커(발언 정리·기능 강조·역할 구분), 마스킹 테이프(재판 자료 고정)
주제별 준비물 (활동 전 학습)	지오몽 교재, 생물 간 상호 작용과 먹이 사슬 이해 영상, 늑대 복원 관련 사례 영상(옐로스톤 등), 사라진 늑대 관련 신문 기사
창의 재료	EVA 폼보드(동물 카드를 세워 증인석 구성), 소형 벨크로(이동 가능한 먹이 단계 표현), 실꾸리 실(먹이 사슬 화살표와 관계 변화), 투명 필름(각 생물의 입장과 관계 겹쳐 제시), 그래프 표현 키트(시간 흐름에 따른 수 변화와 기능 변화 시각화), 자석 스티커(생물 위치 조정과 입장 변화 표현), 배심원 투표 카드와 명찰지 (검사·변호인·증인 역할 식별)

※ 준비물은 활동지 구성에 맞게 조정 가능합니다. 기본 준비물은 학생이 늘 사용하는 학습 도구이고, 공통 준비물은 수업 전 과정에서 공통으로 필요한 자료입니다.

📖 세부 활동 지침

늑대의 생태계 역할과 생물 간 영향을 탐구하며, 기능과 관계를 반입체 구조와 시각 자료로 표현하는 활동입니다.

1) **상황 이해하기** : 늑대가 사라졌을 때 생태계에 어떤 변화가 생겼는지 자료를 통해 이해합니다.
2) **역할 선택하기** : 각 생물의 생태계 내 역할을 분석하고, 그 기능을 선택하여 정리합니다.
3) **시나리오 쓰기** : 재판 형식에 맞춰 검사·변호인·증인 등의 입장에서 생물의 입장을 담은 시나리오를 작성합니다.
4) **설계도 그리기** : 시나리오를 바탕으로 각 생물의 위치, 관계, 주장 등을 표현한 설계도를 작성합니다.
5) **반입체 구조물 만들기** : EVA 폼보드에 생물 카드를 세워 증인석과 생물 간 위치를 구성하고, 실꾸리 실과 투명 필름을 이용해 먹이 사슬 관계와 입장을 겹쳐 나타냅니다. 포스트잇으로 주장의 요점을 정리하고, 그래프 표현 키트로 시간 흐름에 따른 개체 수와 기능의 변화를 시각화합니다. 말풍선과 라벨지로 생물별 발언과 기능을 표현하고, 자석 스티커를 사용해 역할 이동과 관계의 변화를 구성합니다. A4 활동지에는 기능 설명과 재판 과정을 도식화하고, 발표할 때 참고 자료를 정리합니다. 모든 자료는 A4 용지, 색종이, 스티커, 마스킹 테이프 등 공통 준비물을 사용해 제작합니다. 발표 순서에 따라 생물 카드를 자석 보드에 붙이고, 입장 변화에 따라 순서를 바꾸며 구조물을 완성합니다. 구조물의 각 요소가 생물의 주장과 생태 논리와 어떻게 연결되는지 설명할 수 있어야 하며, 배심원단에게 정보를 명확히 전달되도록 완성도를 높입니다.
6) **보완하기** : 전체 구조와 주장 내용이 긴밀히 연결되는지 점검하고 부족한 부분을 수정합니다.
7) **마무리하기** : 완성된 구조물과 시각 자료를 발표하고, 다른 모둠과 피드백을 주고받습니다.

*** 교과 연결(초3-2 과학 2단원 '동물의 생활' / 초4-1 과학 2단원 '지층과 화석' / 초5-2 과학 2단원 '생물과 환경')**

17·공룡 똥 화석 탐정단 활동 해설지

📖 활동 개요

공룡의 똥 화석을 통해 식성을 추론하는 과학(S), 단서를 정리하고 도구를 설계하는 기술(T), 화석의 구조를 구현하는 공학(E), 관찰한 단서를 시각적으로 재구성하는 예술(A), 단서를 분류하고 식성과 비교하는 수학(M)이 융합된 STEAM 활동입니다.

📖 활동 준비물

주제별 준비물(교사 준비)은 공룡의 식성과 먹이 관계를 이해하는 자료이며, 창의 재료는 단서를 생존 방식과 연결해 반입체 구조와 시각 자료로 표현합니다.

구분	준비물
기본 준비물	연필, 지우개, 자, 가위, 커터 칼, 딱풀(쓰기·지우기·선 긋기·자르기·붙이기), 색연필(그림 색칠), 사인펜(핵심 내용 강조)
공통 준비물	A4 용지(시나리오와 완성된 아이디어 작성), A4 활동지(선택한 기능 설명과 설계도 작성), 색종이(단서 위치 표시), 말풍선(관찰 내용 표현), 라벨지(단서 표시), 스티커(꾸미기·기능 구분), 마스킹 테이프(구조물 임시 고정), 지퍼백 (단서 보관)
주제별 준비물 (활동 전 학습)	지오몽 교재, 공룡 도감(공룡 종류와 식성 학습), 공룡 영상(먹는 장면 관찰), 화석 예시 이미지(단서 유추 훈련)
창의 재료	EVA 폼보드(탐사 구조 제작), 색모래(탐사 층 구분), 클레이(똥 화석 모형 제작), 점토 도구 세트(화석 조각), 스팽글(비늘 조각 단서), 셀로판지(곤충 날개 단서 표현), 흰 EVA 조각(뼛조각 단서), 초록색 스트로우(식물 줄기 단서), 콩(씨앗 껍질 단서), 루페 (단서 관찰 확대), 상자(조사 키트 구성), 투명 컵(화석 보관), 소형 붓 (먼지 제거 표현)

※ 준비물은 활동지 구성에 맞게 조정 가능합니다. 기본 준비물은 학생이 늘 사용하는 학습 도구이고, 공통 준비물은 수업 전 과정에서 공통으로 필요한 자료입니다.

📖 세부 활동 지침

공룡의 식성과 생태계 내 역할을 탐구하면서, 그 단서와 관계를 반입체 구조와 시각 자료로 표현하는 활동입니다.

1) **상황 이해하기** : 공룡 도감과 공룡 영상, 화석 예시 이미지를 참고하고, 공룡의 똥 화석 속에 든 단서를 통해 공룡의 식성과 생태를 추론하는 탐정 활동임을 이해합니다.
2) **단서 선택하기** : 공룡의 똥 화석에 든 뼛조각, 비늘, 곤충 날개, 식물 줄기, 씨앗 껍질 중 원하는 단서를 선택합니다.
3) **시나리오 쓰기** : 어떤 공룡이 어떤 먹이를 섭취했는지 단서를 조합해 똥 화석 시나리오를 작성합니다.
4) **설계도 그리기** : 단서를 배치할 위치와 순서를 활동지에 그려 구상합니다.
5) **반입체 구조물 만들기** : EVA 폼보드 위에 단서를 배치할 발굴 영역과 화석 위치를 표시하고, 클레이를 둥글고 울퉁불퉁하게 빚어 똥 화석의 본체를 만듭니다. 점토 도구 세트와 나무젓가락을 이용해 단서가 들어갈 공간을 조심스럽게 파냅니다. 뼛조각은 흰 EVA 조각, 곤충의 날개는 셀로판지, 식물 줄기는 초록색 스트로우, 씨앗 껍질은 콩, 비늘은 스팽글로 각각 표현합니다. 이들 단서를 실제 먹이처럼 자연스럽게 삽입합니다. 삽입할 때는 각 단서의 위치, 방향, 깊이를 고려하여 배치하고, 단서 간의 간격도 조정합니다. 소형 붓을 사용해 클레이 표면을 쓸어내며 발굴 과정을 연출합니다. 색연필로 클레이 표면의 질감을 덧칠하고, 사인펜으로는 단서 주변에 점선이나 작은 기호를 그려 단서의 존재를 강조합니다. 라벨지를 잘라 단서 옆에 붙이고, 말풍선에는 단서를 설명하는 문장을 적어 정보를 제공합니다.
6) **보완하기** : 관찰 기록과 비교해 빠진 단서가 있으면 추가하거나 위치를 수정합니다.
7) **마무리하기** : 완성한 구조물을 정리하고, 친구들에게 설명합니다.

*교과 연결(초4-1 과학 2단원 '지층과 화석' / 초5-1 과학 3단원 '태양계와 별' / 초5-2 과학 2단원 '생물과 환경')

18·공룡 멸종 코드 해독 작전 활동 해설지

활동 개요

공룡 멸종의 다양한 단서를 해석하는 과학(S), 단서를 정리하고 표현 장치를 설계하는 기술(T), 멸종 과정을 구조로 구현하는 공학(E), 단서를 시각적 자료로 재구성하는 예술(A), 원인을 분류·비교하는 수학(M)이 융합된 STEAM 활동입니다.

활동 준비물

주제별 준비물(교사 준비)은 공룡의 식성과 먹이 관계를 이해하는 자료이며, 창의 재료는 단서를 멸종 원인과 연결해 반입체 구조와 시각 자료로 표현합니다.

구분	준비물
기본 준비물	연필, 지우개, 가위, 커터 칼, 딱풀(쓰기·지우기·자르기·붙이기), 색연필(그림 색칠), 사인펜(핵심 내용 강조),
공통 준비물	A4 용지(시나리오와 완성된 아이디어 작성), A4 활동지(선택한 원인 설명과 설계도 작성), 색종이(기후와 생태계 변화 시각화), 마스킹 테이프(구조물 고정), 말풍선·라벨지·스티커(기능 설명과 생물 분류), 지퍼백(재료 보관)
주제별 준비물 (활동 전 학습)	지오몽 교재, 공룡 멸종 원인 자료, 소행성 충돌 영상, 기후 변화 지도
창의 재료	폼클레이(소행성 모형), 주사기 2개+튜브(누르면 반대편이 밀려 튀는 충격파 표현), EVA 폼보드(운석 충돌 지역의 지면과 공룡 서식지 표현), 검은 색종이(먼지와 파편이 햇빛 가림), 조도 센서(빛 차단 감지 효과), 파랑 색종이(기온 급강하 추운 환경), 스펀지(생물 사라진 바다의 잔해), 투명 통+빨대(바닷물의 이동 표현), 고무줄(공룡의 입·꼬리 움직임 표현), LED(소행성 충돌 폭발 불빛), 건전지(전기 공급), 글루건(부품 접합)

※ 준비물은 활동지 구성에 맞게 조정 가능합니다. 기본 준비물은 학생이 늘 사용하는 학습 도구이고, 공통 준비물은 수업 전 과정에서 공통으로 필요한 자료입니다.

세부 활동 지침

공룡 멸종의 단서와 원인의 관계를 탐구하면서, 이를 반입체 구조와 시각 자료로 표현하는 활동입니다.

1) 상황 이해하기 : 멸종 원인 자료와 영상을 보고, 공룡의 식성과 먹이 사슬 관계를 파악합니다.
2) 원인 선택하기 : 소행성 충돌, 기온 급강하, 식량 고갈, 대기 오염, 바닷물 온도 급강하 중 원하는 원인을 선택하고, 그 원인과 공룡 멸종의 연관성을 생각합니다.
3) 시나리오 쓰기 : 선택한 원인을 문장으로 정리하여 멸종 과정을 서술합니다.
4) 설계도 그리기 : 활동지에 구조물 배치와 표현 방식을 간단한 그림으로 계획합니다.
5) 반입체 구조물 만들기 : 폼클레이로 소행성을 빚어 EVA 폼보드 위에 단단히 부착합니다. 주사기 두 개를 튜브로 연결하여 하나를 누르면 반대편이 튀도록 충격파 장치를 만들고, 검은 색종이를 잘라 지면 위쪽에 배치해 먼지와 파편이 햇빛을 가리는 상황을 표현합니다. 조도 센서를 EVA 지면에 고정하여 빛이 차단될 때 수치 변화를 감지하도록 설치합니다(소행성 충돌 시 빛 차단 시각화). 파랑 색종이로 바다 영역을 표시하고 투명 통을 올려 물을 채운 뒤, 빨대를 연결하여 소행성이 충돌했을 때 바닷물이 사방으로 이동하는 모습을 구현합니다. 투명 통 속에는 스펀지를 넣어 해양 생물이 사라진 잔해를 나타내며, 공룡 그림 카드를 고무줄과 연결해 당겼다 놓으면 입이나 꼬리가 움직이도록 합니다. LED와 건전지를 연결해 충돌 순간 번쩍이는 불빛을 연출하고, 글루건으로 각 부품을 단단히 접합합니다. 마지막으로 말풍선·라벨지·스티커를 붙여 각 부분이 어떤 단서를 표현하는지 표시합니다.
6) 보완하기 : 완성품의 약한 부분을 양면 테이프 또는 마스킹 테이프와 글루건으로 보강하고 라벨을 추가합니다.
7) 마무리하기 : 완성된 구조물을 근거로 선택한 원인과 멸종 과정의 연결을 설명합니다.

* 교과 연결(초4-1 과학 2단원 '지층과 화석' / 초5-2 과학 2단원 '생물과 환경' / 초6-2 과학 4단원 '우리 몸의 구조와 기능')

19·공룡 되살리기 과학자 회의 활동 해설지

📖 활동 개요

공룡 복원 단서를 분석하는 과학(S), 단서를 정리하고 표현 장치를 설계하는 기술(T), 복원 과정을 구조로 구현하는 공학(E), 복원 과정과 단서의 관계를 시각 자료로 구성하는 예술(A), 복원 가능성과 한계를 비교·해석하는 수학(M)이 융합된 STEAM 활동입니다.

📖 활동 준비물

주제별 준비물(교사 준비)은 공룡 복원과 유전자 조작을 이해하는 자료이며, 창의 재료는 단서를 활용해 복원의 한계와 기능을 반입체와 시각 자료로 표현합니다.

구분	준비물
기본 준비물	연필, 지우개, 가위, 커터 칼, 딱풀(쓰기·지우기·자르기·붙이기), 색연필(공룡 색칠), 사인펜(DNA 정보 강조)
공통 준비물	A4 용지(시나리오와 완성된 아이디어 작성), A4 활동지(선택한 원인 설명과 설계도 작성), 색종이(공룡 특징과 기관 표현), 말풍선·라벨지·스티커(기능 설명과 꾸미기, 토의 정리), 마스킹 테이프(자료 임시 고정), 지퍼백(재료 보관)
주제별 준비물 (활동 전 학습)	지오몽 교재, 유전자 복원 영상, DNA 모형 사진, 멸종 이유와 복원 논쟁 관련 기사 자료
창의 재료	EVA 폼보드(공룡 외형, 화석 뼈 골격), 투명 플라스틱 조각(호박 속 모기 추출 DNA), 고무찰흙(공룡 몸체 복원), LED 조명 소품(공룡 복원 빛으로 연출), 플라스틱 조각(공격성·환경 반응 등 조절 유전자 삽입 인공 장치), 실(공룡 기관 유전자 연결, 환경 반응 유전자 연결), 눈알 스티커(감각 기관 기능 강조), 셀로판(투명 세포막과 DNA 보호막), 깨진 공룡 알 조형물(알껍질에서 나온 DNA 조각 구현)

※ 준비물은 활동지 구성에 맞게 조정 가능합니다. 기본 준비물은 학생이 늘 사용하는 학습 도구이고, 공통 준비물은 수업 전 과정에서 공통으로 필요한 자료입니다.

📖 세부 활동 지침

공룡 복원 단서와 가능성의 관계를 탐구하면서, 이를 반입체 구조와 시각 자료로 창의성 있게 표현하는 활동입니다.

1) 상황 이해하기 : 공룡 복원에 사용된 단서를 살펴보고, 실제로 가능할지 과학자 입장에서 토의해 봅니다.
2) 단서 선택하기 : 공룡 복원의 단서 중에서 3~4가지를 고르고, 그 의미를 정리합니다.
3) 시나리오 쓰기 : 선택한 단서를 바탕으로 복원이 어떻게 진행되고 어떤 한계가 있었는지 이야기 형식으로 작성합니다.
4) 설계도 그리기 : 복원 과정을 시각적으로 표현할 수 있도록, 단서 배치와 공룡 구조, 유전자 연결 관계 등을 활동지에 설계합니다.
5) 반입체 구조물 만들기 : EVA 폼보드 위에 고무찰흙으로 공룡의 외형과 골격 구조를 만듭니다. 투명 플라스틱 조각을 사용해 호박 속 모기에서 추출한 DNA 단서를 표현하고, 셀로판지로 투명한 세포막이나 DNA 보호막처럼 사용합니다. 실은 유전자 연결선 역할로, 공룡의 기관과 유전자의 연결 구조를 보여 줍니다. LED 조명 소품은 복원 실험 장면에 빛을 더해 복원 순간의 긴장감을 나타냅니다. 공격성 조절이나 환경 반응과 같은 유전자 조작은 플라스틱 조각을 이용해 몸에 인공 장치를 부착하듯 표현합니다. 눈알 스티커는 감각 기관의 위치를 강조하는 데 쓰고, 깨진 공룡 알 조형물은 알껍질에서 얻은 DNA 조각을 구현합니다. 색종이는 공룡의 기관과 유전자 위치 구분에 사용하고, 라벨지나 스티커류는 각 단서의 이름이나 기능을 꾸미는 데 사용합니다.
6) 보완하기 : 빠졌거나 부족한 단서를 친구들과 비교하며 확인하고, 표현이 부족한 부분을 추가하거나 수정합니다.
7) 마무리하기 : 완성된 구조물을 발표하고, 복원 과정에서 새롭게 알게 된 점을 A4 용지에 정리해 마무리합니다.

 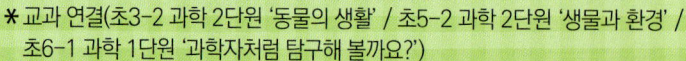

20·매머드 생존 복장 만들기 활동 해설지

활동 개요

매머드의 생존 단서를 분석하는 과학(S), 단서를 정리하고 복장 기능을 설계하는 기술(T), 생존 장치를 구조로 구현하는 공학(E), 복원 단서를 바탕으로 만든 생존 전략을 시각 자료로 구성하는 예술(A), 생존 가능성과 한계를 비교·해석하는 수학(M)이 융합된 STEAM 활동입니다.

활동 준비물

주제별 준비물(교사 준비)은 매머드 복원과 구석기 생존 방식을 이해하는 자료이며, 창의 재료는 단서를 활용해 생존 기능을 반입체와 시각 자료로 표현합니다.

구분	준비물
기본 준비물	연필, 지우개, 가위, 커터 칼, 딱풀(쓰기·지우기·자르기·붙이기), 색연필(야간 경보기 귀 주변 소리 파동 그리기, 발바닥 균열 무늬 그려 얼음 탐지 효과), 사인펜(핵심 내용 강조)
공통 준비물	A4 용지(시나리오와 완성된 아이디어 작성), A4 활동지(선택한 원인 설명과 설계도 작성), 색종이(의상 패턴), 말풍선·라벨지·스티커(기능 설명과 꾸미기), 마스킹 테이프(자료 임시 고정), 지퍼백(재료 보관)
주제별 준비물 (활동 전 학습)	지오몽 교재, 매머드 관련 도감, 구석기 생활 영상, 복장 자료 이미지
창의 재료	EVA 폼보드(눈 뚫기 상아 표현), 클레이(상아 끝부분과 발톱, 발바닥 고정), 헝겊(털 가열 장치 두꺼운 옷감), 털실(털 가열 장치 털 표현), 부직포(털 속 구조 보강, 얼음 탐지 발바닥 패드), EVA 폼보드 조각(야간 경보기 귀 형태와 귓바퀴), 스티커(야간 경보기 귀 불빛 무늬 감지 기능 표현), 스티로폼 구(얼음 탐지 발바닥 센서), 빨대(미끄럼 방지 발톱), 소형 붓(재료 표면 질감 정리)

※ 준비물은 활동지 구성에 맞게 조정 가능합니다. 기본 준비물은 학생이 늘 사용하는 학습 도구이고, 공통 준비물은 수업 전 과정에서 공통으로 필요한 자료입니다.

세부 활동 지침

매머드 생존 단서와 가능성의 관계를 탐구하면서, 이를 반입체 구조와 시각 자료로 창의성 있게 표현하는 활동입니다.

1) 상황 이해하기 : 매머드가 혹한의 환경에서 살아남기 위해 필요한 기능과 준비물을 활용해 탐험가로서 생존 장치를 구상하는 활동임을 파악합니다.
2) 기능 선택하기 : 눈 뚫기 상아, 털 가열 장치, 야간 경보기 귀, 얼음 탐지 발바닥, 미끄럼 방지 발톱 등 가운데 구현할 기능을 선택합니다.
3) 시나리오 쓰기 : 선택한 기능이 실제 환경에서 어떻게 작동해서 매머드가 살아남는지 이야기로 구성합니다.
4) 설계도 그리기 : 활동지에 기능을 시각화하여 구조와 재료 배치 방안을 그림으로 구상합니다.
5) 반입체 구조물 만들기 : EVA 폼보드 위에 눈 뚫기 상아 위치, 귀, 발바닥, 털 부분을 표시합니다. 클레이로 상아의 끝부분과 발톱을 빚어 EVA 폼보드에 붙이고, 빨대를 잘라 발톱 형태를 만들며 클레이로 고정합니다. 헝겊과 부직포를 겹쳐 털 가열 장치의 두꺼운 옷감을 표현하고, 털실을 붙여 털의 질감을 재현합니다. EVA 폼보드 조각을 잘라 귀를 만들고, 스티커로 불빛 무늬를 붙여 야간 경보기 귀의 감지 기능을 표현합니다. 사인펜으로 귀 주변에 소리 파동 기호를 그리고, 색연필로 발바닥에 균열 무늬를 그려 얼음 탐지 기능을 강화합니다. 부직포 조각은 발바닥 패드로 사용하고, 스티로폼 구를 붙여 얼음 감지 센서를 시각화합니다. 소형 붓으로 재료 표면을 정리하며 질감을 살리고, 말풍선 라벨지 스티커로 기능 이름과 설명을 붙입니다. 완성된 구조물은 지퍼백에 보관합니다.
6) 보완하기 : 기록과 비교해 빠트린 기능이 있으면 추가하거나 위치를 수정합니다.
7) 마무리하기 : 완성한 구조물을 정리하고, 친구들 앞에서 작성한 시나리오를 바탕으로 발표합니다.

21·멸종 미스터리 과학자 추리 회의 **활동 해설지**

*교과 연결(초3-2 과학 2단원 '동물의 생활' / 초5-2 과학 2단원 '생물과 환경' / 초6-1 과학 1단원 '과학자처럼 탐구해 볼까요?')

📖 활동 개요

매머드 멸종 단서를 분석하는 과학(S), 단서를 정리하고 표현 방식을 설계하는 기술(T), 멸종 과정을 구조로 구현하는 공학(E), 멸종 과정을 시각 자료로 재구성하는 예술(A), 원인과 결과의 관계를 비교·해석하는 수학(M)이 융합된 STEAM 활동입니다.

📖 활동 준비물

주제별 준비물(교사 준비)은 매머드 복원과 구석기 생존 방식을 이해하는 자료이며, 창의 재료는 멸종 단서를 활용해 과정을 반입체 구조와 시각 자료로 표현합니다.

구분	준비물
기본 준비물	연필, 지우개, 가위, 커터 칼, 딱풀(쓰기·지우기·자르기·붙이기), 색연필(그림 색칠), 사인펜(핵심 내용 강조)
공통 준비물	A4 용지(시나리오와 완성된 아이디어 작성), A4 활동지(멸종 원인 설명과 설계도 작성), 색종이(빙하 감소, 따뜻해진 기후, 바다 표현), 말풍선·스티커(전염병 바이러스 기호 표시), 라벨지(기후 변화·유전 문제·인간의 사냥·먹이 부족·전염병 등 원인별 표시), 마스킹 테이프(부재료 임시 고정), 지퍼백(재료 보관)
주제별 준비물 (활동 전 학습)	지오몽 교재, 매머드 멸종 원인 자료(기후 변화·유전 문제·인간의 사냥·먹이 부족), 매머드 화석 사진이나 관련 영상
창의 재료	EVA 폼보드(매머드 서식지와 지형, 기후 변화 시각화), 클레이(매머드와 사냥꾼 모형, 무리의 규모 표현), 철사·고무줄(상아와 관절 움직임 표현), 잡지 그림(환경과 인간 활동 장면 보강), 자갈(황폐화한 땅, 먹이 부족 상황 표현), 붉은 색종이 조각(전염병 확산과 위기 상황 상징), 글루건(부품 접합)

※ 준비물은 활동지 구성에 맞게 조정 가능합니다. 기본 준비물은 학생이 늘 사용하는 학습 도구이고, 공통 준비물은 수업 전 과정에서 공통으로 필요한 자료입니다.

📖 세부 활동 지침

매머드 멸종 단서와 원인의 관계를 탐구하면서, 이를 반입체 구조와 시각 자료로 창의성 있게 표현하는 활동입니다.

1) **상황 이해하기** : 매머드가 멸종한 자료와 영상을 보고, 기후 변화, 인간의 사냥, 유전 문제 등 다양한 원인을 이해합니다.
2) **원인 선택하기** : 다섯 가지 원인 가운데 하나 이상 원인을 정하고, 멸종과의 연관성을 간단히 토의합니다.
3) **시나리오 쓰기** : 선택한 원인을 근거로 '기후 변화 탓에 먹이가 줄고 인간의 사냥까지 겹쳐 멸종했다.'와 같은 내용을 문장으로 정리합니다.
4) **설계도 그리기** : 활동지에 EVA 폼보드, 클레이, 색종이, 철사, 잡지 그림 등을 배치할 위치를 계획합니다.
5) **반입체 구조물 만들기** : EVA 폼보드로 빙하 지형을 표현하고, 따뜻해진 기후와 그에 따른 바닷물의 증가 상황을 색종이로 나타냅니다. 클레이로는 매머드와 사냥꾼 모형을 제작합니다. 철사로 상아를 만들고, 고무줄로 관절을 연결해 움직임을 구현합니다. 잡지 그림과 인쇄물을 오려서 배경에 붙여 빙하기의 환경과 인간 활동을 보강합니다. 투명 비닐팩에 파란 물감을 섞어 빙하의 해빙과 바닷물의 이동을 나타내고, 작은 자갈을 EVA 보드 위에 흩뿌려 황폐화된 환경을 표현합니다. 붉은 색종이 조각은 퍼져 나가는 전염병을 상징하도록 붙입니다. 스티커와 말풍선에는 '기후 변화', '인간의 사냥', '유전 문제', '먹이 부족', '전염병'이라고 표시해 단서와 모형을 연결합니다. 글루건으로 각 부품을 접합한 뒤 라벨지를 붙여 구조물 속의 단서와 멸종 원인의 관계를 나타냅니다.
6) **보완하기** : 완성품을 점검하면서 흔들리는 부분을 글루건으로 보강하며, 설명 라벨을 추가합니다.
7) **마무리하기** : 발표를 통해 멸종의 원인과 과정을 설명하고, 활동지를 정리해서 결과를 공유합니다.

 **STEAM 활동**

✱ 교과 연결(초4-1 과학 2단원 '지층과 화석' / 초5-1 과학 1단원 '과학자는 어떻게 탐구할까요?' / 초5-2 과학 2단원 '생물과 환경')

22·나의 화석 이야기 상자 만들기 활동 해설지

📖 활동 개요

화석의 단서를 분석하는 과학(S), 이를 정리하고 표현 방식을 설계하는 기술(T), 화석 생성 과정을 모형으로 표현하는 공학(E), 단서를 시각 자료로 재구성하는 예술(A), 단서와 결과의 관계를 비교·해석하는 수학(M)이 융합된 STEAM 활동입니다.

📖 활동 준비물

주제별 준비물(교사 준비)은 화석의 생성 과정과 생물의 흔적을 이해하는 자료이며, 창의 재료는 단서를 활용해 그 과정을 반입체 구조와 시각 자료로 표현합니다.

구분	준비물
기본 준비물	연필, 지우개, 가위, 커터 칼, 딱풀(쓰기·지우기·자르기·붙이기), 색연필(화석 색칠), 사인펜(강조 선 그리기)
공통 준비물	A4 용지(시나리오와 완성된 아이디어 작성), A4 활동지(멸종 원인 설명과 설계도 작성), 색종이(지층 표현과 꾸미기), 포스트잇(단서 요약), 말풍선·라벨지·스티커(화석의 단서, 인물의 말, 장소 정보 등 표현과 꾸미기), 마스킹 테이프(배경 고정), 지퍼백(재료 정리)
주제별 준비물 (활동 전 학습)	지오몽 교재, 화석의 생성 과정을 설명한 영상, 다양한 화석 사진 자료, 공룡과 고대 생물 관련 삽화
창의 재료	골판지 상자(이야기 상자 만들기), 찰흙(뼈 화석 모형 만들기), EVA 조각(골격 표현), 커피 가루와 모래(진흙 매몰층 표현용 재료), 셀로판과 비닐 랩(광물화 코팅, 얼음 갑옷 씌우기), 투명 필름(광물막 표현), 은색 비닐과 파란 종이(추운 기후 배경 꾸미기), 눈알 스티커(생물 특징 강조), 종이 조각과 나뭇가지(생물 흔적 구성), 플라스틱 조각(덮개나 단단한 부분)

※ 준비물은 활동지 구성에 맞게 조정 가능합니다. 기본 준비물은 학생이 늘 사용하는 학습 도구이고, 공통 준비물은 수업 전 과정에서 공통으로 필요한 자료입니다.

📖 세부 활동 지침

화석의 단서와 생성 원인의 관계를 탐구하면서, 이를 반입체 구조와 시각 자료로 창의성 있게 표현하는 활동입니다.

1) **상황 이해하기** : 화석이 만들어지는 조건과 환경을 알아보고, 그 과정에 영향을 주는 요소를 살펴봅니다.
2) **조건 선택하기** : 화석 생성에 영향을 준 조건을 고르고, 나만의 조건을 만들어 넣습니다.
3) **시나리오 쓰기** : 선택한 조건에 따라 생물이 어떻게 화석이 되었는지 짧은 이야기로 정리합니다.
4) **설계도 그리기** : 화석의 생성 과정을 시각적으로 구성할 수 있도록 상자 안 배치도를 활동지에 그립니다.
5) **반입체 구조물 만들기** : 골판지 상자로 이야기 상자의 틀을 구성합니다. 상자의 바닥에는 점토 또는 찰흙을 펴서 진흙층을 만들고, 그 위에 종이 점토나 EVA 조각으로 동물 뼈 모양을 만들어 올립니다. 매몰 과정을 표현하기 위해 커피 가루나 모래를 위에 덮어 지층을 구성하고, 플라스틱 조각을 사용해 단단한 껍질과 몸체를 강조합니다. 얼음이나 광물화 과정을 표현할 때는 셀로판을 덮어 광물막처럼 보이게 구성합니다. 차가운 기후는 파란 종이와 은색 비닐을 배경에 깔아 연출하고, 눈알 스티커나 나뭇가지, 종이 조각 등을 활용해 동물의 특징과 생물 흔적을 꾸밉니다. 나만의 단서를 넣을 경우, 예를 들어 '얼음 갑옷'을 만들 때는 셀로판을 동물 위에 감싸고, 비닐 랩으로 보호해 썩지 않도록 한 모습을 표현합니다. 말풍선·라벨지·스티커를 이용해 단서 이름, 등장인물 말, 장소 정보를 적어 꾸미고, 마스킹 테이프로 부착물을 고정합니다. 모든 구성은 활동지에 작성한 설계도에 따라 배치합니다.
6) **보완하기** : 빠진 단서를 확인하고, 설명을 덧붙여 구조물을 완성합니다.
7) **마무리하기** : 화석 이야기 상자를 발표하고, 생성 과정을 정리해 마무리합니다.

*교과 연결(초3-1 과학 5단원 '지구의 모습' / 초4-1 과학 2단원 '지층과 화석' / 초5-1 과학 3단원 '태양계와 별')

23·인류 계보 퍼즐 놀이 활동 해설지

📖 활동 개요

인류 계보의 단서를 분석하는 과학(S), 이를 정리하고 표현 방식을 설계하는 기술(T), 계보 구성 과정을 모형으로 표현하는 공학(E), 단서를 시각 자료로 재구성하는 예술(A), 단서와 결과의 관계를 비교·해석하는 수학(M)이 융합된 STEAM 활동입니다.

📖 활동 준비물

주제별 준비물(교사 준비)은 인류의 계보와 특징 변화를 이해하는 자료이며, 창의 재료는 단서를 활용해 퍼즐을 완성하고 시각 자료로 표현합니다.

구분	준비물
기본 준비물	연필, 지우개, 가위, 커터 칼, 딱풀(쓰기·지우기·자르기·붙이기)
공통 준비물	A4 용지(시나리오와 완성된 아이디어 작성), A4 활동지(선택한 인류 설명과 설계도 작성), 색종이(퍼즐 조각 제작과 배경 꾸미기), 포스트잇(단서 요약), 말풍선·라벨지(인류 특징 설명과 꾸미기), 마스킹 테이프(부재료 임시 고정), 지퍼백(재료 정리)
주제별 준비물 (활동 전 학습)	지오몽 교재, 인류 진화 관련 도감, 화석 복원 영상, 인류 계보 자료 이미지
창의 재료	EVA 폼보드(투마이의 두 발로 걷는 모습과 전체 퍼즐 판 제작), 종이 조각(오스트랄로피테쿠스의 나무 타기와 걷기 모습 구현), 색종이(호모 에렉투스의 불과 이동 장면 구현), 색연필·사인펜(호모 사피엔스의 말하기와 사회 활동을 강조하는 그림과 글쓰기 표현), 스티커(호모 사피엔스의 사회적 특징과 호모 솔라리스의 태양 에너지 무늬 표현), 클레이(호모 에렉투스의 횃불이나 도구 반입체 제작), 부직포(퍼즐 조각 뒷면 보강), 소형 붓(퍼즐 조각 표면 정리와 마감)

※ 준비물은 활동지 구성에 맞게 조정 가능합니다. 기본 준비물은 학생이 늘 사용하는 학습 도구이고, 공통 준비물은 수업 전 과정에서 공통으로 필요한 자료입니다.

📖 세부 활동 지침

인류 계보의 단서와 특징 변화를 탐구하면서, 이를 퍼즐 구조와 시각 자료로 창의성 있게 표현하는 활동입니다.

1) 상황 이해하기 : 인류가 언제 지구에 나타났는지 알아보고, 진화 과정에 영향을 준 특징과 조건을 살펴봅니다.
2) 인류 선택하기 : 계보 속의 인류 퍼즐을 고르고, 내가 선택한 인류의 특징을 추가합니다.
3) 시나리오 쓰기 : 선택한 인류가 어떤 환경에서 살고, 생존하기 위해 어떻게 변하거나 적응했는지 정리합니다.
4) 설계도 그리기 : 인류의 계보를 시각적으로 구성할 수 있도록 퍼즐 배치도를 그립니다.
5) 반입체 구조물 만들기 : 골판지를 퍼즐판 크기로 재단한 뒤, 네 모서리에 1센티미터의 여백을 남겨 자릅니다. 색종이를 활용해 시대별 배경을 붙이되, 위쪽은 하늘, 아래쪽은 땅으로 구분해 인류가 살아간 환경을 표현합니다. 각 인류 단계는 EVA 조각이나 종이 조각으로 몸의 특징과 생활 도구를 만들어 붙입니다. 투마이는 나무 옆에 세워 두 발로 걷는 모습을 나타내고, 오스트랄로피테쿠스는 숲속 배경에 배치합니다. 호모 에렉투스는 불을 사용했음을 보여 주기 위해 주황 셀로판을 오려 붙이고, 돌 도구는 플라스틱 조각으로 표현합니다. 호모 사피엔스는 공동체 활동을 상징하도록 포스트잇 문장과 라벨지를 덧붙입니다. 새로운 단서를 창의적으로 확장할 경우, '태양을 이용한 미래 인류'처럼 색종이와 은색 비닐을 조합해 꾸밉니다. 눈알 스티커로 인류의 얼굴을 강조하고, 나뭇가지·종이 조각을 이용해 주변 환경과 흔적을 표현합니다. 각 인류의 이름·시대·특징은 말풍선·스티커로 표시합니다.
6) 보완하기 : 빠진 인류 단계나 설명을 확인하고 색연필·사인펜으로 보강합니다.
7) 마무리하기 : 완성된 인류 계보 퍼즐을 발표하고, 진화 과정을 정리하여 공유합니다.

 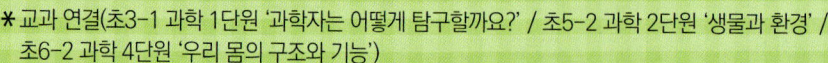

＊교과 연결(초3-1 과학 1단원 '과학자는 어떻게 탐구할까요?' / 초5-2 과학 2단원 '생물과 환경' / 초6-2 과학 4단원 '우리 몸의 구조와 기능')

24·진화 몸 시뮬레이터 설계 활동 해설지

📖 활동 개요

진화 몸의 단서를 분석하는 과학(S), 이를 정리하고 표현 구조를 설계하는 기술(T), 몸의 변화를 구조로 구현하는 공학(E), 단서를 시각 자료로 표현하는 예술(A), 구조와 기능의 관계를 비교·해석하는 수학(M)이 융합된 STEAM 활동입니다.

📖 활동 준비물

주제별 준비물(교사 준비)은 인류의 계보와 특징 변화를 이해하는 자료이며, 창의 재료는 기능 단서로 진화 몸 시뮬레이터를 구성하고 표현하는 도구입니다.

구분	준비물
기본 준비물	연필, 지우개, 자, 가위, 커터 칼, 딱풀(쓰기·지우기·선 긋기·자르기·붙이기), 색연필(그림 색칠), 사인펜(핵심 내용 강조)
공통 준비물	A4 용지(시나리오와 완성된 아이디어 작성), A4 활동지(선택한 기능 설명과 설계도 작성), 색종이(인간 진화 단계 표현), 마스킹 테이프(구조물 임시 고정), 말풍선·라벨지·스티커(꾸미기·기능 표시), 지퍼백(재료 보관)
주제별 준비물 (활동 전 학습)	지오몽 교재, 진화 관련 영상이나 진화 단계 비교 자료, 두 발 보행 실험 영상
창의 재료	폼보드(전체 구조물의 배경판), EVA폼(몸통, 머리·귀·근육 등 입체 표현과 골반 고정), 플라스틱 눈알(눈알 표현), 철사(곧추선 척추 구현), 굵은 빨대(팔다리 뼈대), 클레이(몸의 세부 부위 만들기), 자석(자유로운 손·팔 탈부착과 도구 잡기 기능), 고무줄(무릎 탄성 부여 충격 흡수), 색실(근육과 힘줄 표현), 끈(팔다리 연결과 움직임), 압핀(소리의 방향에 따라 회전하는 귀 구조 표현), 글루건(재료 접합)

※ 준비물은 활동지 구성에 맞게 조정 가능합니다. 기본 준비물은 학생이 늘 사용하는 학습 도구이고, 공통 준비물은 수업 전 과정에서 공통으로 필요한 자료입니다.

📖 세부 활동 지침

진화 몸의 단서와 특징 변화를 탐구하고, 이를 반입체 구조와 시각 자료로 창의성 있게 표현하는 활동입니다.

1) **상황 이해하기** : 몸이 진화한 까닭을 생각하며 단서를 관찰하고 기능과 연결되는 특징을 찾아봅니다.
2) **기능 선택하기** : 시야 확보, 골반 안정, 손의 자유, 무릎 충격 흡수 등 중 필요한 기능을 선택합니다.
3) **시나리오 쓰기** : 신체의 기능이 생긴 이유와 진화 상황을 연결해서 이야기로 씁니다.
4) **설계도 그리기** : 선택한 기능을 반입체로 표현할 위치와 구조를 정리해 시각적으로 설계합니다.
5) **반입체 구조물 만들기** : 폼보드를 전체 구조물의 배경판으로 사용해서 몸의 뼈대를 세웁니다. EVA폼을 잘라 몸통과 머리, 골반을 구성하고, 철사를 이용해 척추를 곧게 세웁니다. 굵은 빨대를 팔다리의 뼈대로 붙이고, 끈으로 관절을 연결합니다. 무릎에는 고무줄을 이용해 충격 흡수 기능을 표현하며, 클레이로 손가락, 귀, 눈 등의 세부 부위를 나타냅니다. 자석은 손과 팔이 탈부착되는 표현을 구현하며, 도구를 잡는 기능도 나타냅니다. 색실은 근육이나 힘줄을 연결하는 용도로 배치합니다. 귀는 압핀을 이용해 회전할 수 있도록 고정하고, 플라스틱 눈알을 붙여 시선을 표현합니다. 모든 재료는 글루건으로 고정하되 구조물이 무너지지 않도록 조립합니다. 구조물은 정면에서 보이도록 반입체 형태로 구성하며, 각 기능의 역할이 잘 드러나도록 배치합니다. 설계도에 따라 기능을 구현하되, 표현된 신체는 왜 그렇게 바뀌었는지 진화 이유를 설명할 수 있어야 합니다.
6) **보완하기** : 구현된 신체의 기능 가운데 부족하거나 어색한 부분을 수정하고, 배경판과 연결 상태를 점검하면서 다시 고정합니다.
7) **마무리하기** : 시나리오와 구조물을 연결해 발표하고, 몸의 진화 의미를 정리합니다.

* 교과 연결(초3-2 과학 1단원 '재미있는 나의 탐구' / 초4-1 과학 4단원 '물체의 무게' / 초5-2 과학 2단원 '생물과 환경')

25·도구 진화 타임라인 만들기 활동 해설지

📖 활동 개요

도구의 기능과 진화를 탐구하는 과학(S), 다양한 기능을 가진 도구를 구상하는 기술(T), 도구의 진화 과정을 시나리오와 함께 설계·제작하는 공학(E), 도구의 형태와 기능을 창의적으로 표현하는 예술(A), 도구 기능을 분류·비교·분석하는 수학(M)이 융합된 STEAM 활동입니다.

📖 활동 준비물

주제별 준비물(교사 준비)은 도구 타임라인의 개념과 사례를 탐구하는 자료이며, 창의 재료는 이를 도구 타임라인의 반입체 구조와 시각 자료로 표현합니다.

구분	준비물
기본 준비물	연필, 지우개, 자, 가위, 커터 칼, 딱풀(쓰기·지우기·선 긋기·자르기·붙이기), 색연필(작은 그림·글씨 색칠), 사인펜(핵심 내용 강조)
공통 준비물	A4 용지(시나리오와 완성된 아이디어 작성), A4 활동지(선택한 기능 설명과 설계도 작성), 마스킹 테이프(부품 임시 고정), 말풍선(도구 사용자 감정 표현), 라벨지(도구 이름), 지퍼백(재료 보관)
주제별 준비물 (활동 전 학습)	지오몽 교재, 도구 사용 장면이 들어간 사진 자료나 영상, 석기 도구 이미지
창의 재료	EVA폼 매트(작업 바탕 판), 두꺼운 종이(타임라인 제작 판), 찰흙(도구 기본 형태), 조각칼(세부 조각), 스티로폼 칼(자르기 기능), 둥근 돌멩이 모형(찍기 기능), 플라스틱 뾰족 막대(찌르기 기능), EVA 판(막기 기능), 플라스틱 마찰 막대(지피기 기능), LED 조명 부품(에너지 변환 기능), 태양광 패널 모형(태양열 기능), 전선(전기 흐름 연결), 조리 기구 모형(음식 조리 기능), 글루건(부품 접착)

※ 준비물은 활동지 구성에 맞게 조정 가능합니다. 기본 준비물은 학생이 늘 사용하는 학습 도구이고, 공통 준비물은 수업 전 과정에서 공통으로 필요한 자료입니다.

📖 세부 활동 지침

도구의 핵심 기능과 진화 과정을 탐구하며, 반입체 타임라인과 시각 자료로 표현하는 활동입니다.

1) **상황 이해하기** : 도구가 어떻게 진화했는지 사진과 영상 자료를 통해 이해합니다
2) **기능 선택하기** : 자르기, 담기, 지피기, 막기 등 원하는 기능을 선택하고, 그 기능이 사람들에게 어떤 도움을 주는지 생각해 봅니다.
3) **시나리오 쓰기** : 선택한 기능이 과거와 현재를 지나 미래로 나아가며 어떻게 발전하는지 상상해 이야기 형식으로 구성합니다.
4) **설계도 그리기** : 각 기능과 부위를 어디에 어떻게 배치할지 구상합니다.
5) **반입체 구조물 만들기** : EVA폼 매트를 바탕에 깔고, 두꺼운 종이로 타임라인 판을 만듭니다. 시간의 흐름에 따라 도구의 진화를 표현하기 위해 찰흙으로 기본 형태를 만들고, 조각칼로 세부를 다듬습니다. 자르기는 스티로폼 칼, 찍기는 둥근 돌멩이 모형, 찌르기는 플라스틱 뾰족 막대로 표현합니다. 막기는 EVA 판을 잘라 방패로, 지피기는 마찰 막대 모형으로 구성합니다. 열이나 빛은 색종이, 말풍선, 사인펜으로 강조합니다. 내가 만든 기능은 에너지 변환이 가능한 창의 도구입니다. LED 조명, 태양광 패널 모형, 전선, 조리 기구 모형을 조합해 조리와 전기 기능을 나타냅니다. 색연필과 사인펜으로 기능별 색을 칠하고, 라벨지에 이름을 붙입니다. 마스킹 테이프와 딱풀, 글루건으로 부품을 고정합니다. 타임라인의 흐름을 점검하며 구조물을 완성합니다.
6) **보완하기** : 완성된 구조물을 다양한 각도에서 관찰하며 기능이 잘 드러났는지 점검하고, 수정하거나 추가해 장치를 보완합니다.
7) **마무리하기** : 구조물을 완성한 뒤 각 기능이 어떻게 발전했는지 도구의 진화 과정을 설명합니다.

*교과 연결(초3-1 과학 2단원 '물질의 성질' / 초6-2 과학 3단원 '연소와 소화' / 초6-2 과학 5단원 '에너지와 생활')

26·불 사용과 수명 연장 원인 찾기 활동 해설지

📖 활동 개요

불의 기능과 변화를 탐구하는 과학(S), 다양한 불의 활용을 구상하는 기술(T), 불 사용 장면을 시나리오와 함께 설계·제작하는 공학(E), 불의 형태와 기능을 창의적으로 표현하는 예술(A), 불의 기능을 분류·비교·분석하는 수학(M)이 융합된 STEAM 활동입니다.

📖 활동 준비물

주제별 준비물(교사 준비)은 불의 개념과 사례를 탐구하는 자료이며, 창의 재료는 이를 불의 반입체 구조와 시각 자료로 표현합니다.

구분	준비물
기본 준비물	연필, 지우개, 자, 가위, 커터 칼, 딱풀(쓰기·지우기·선 긋기·자르기·붙이기), 색연필(불꽃, 인물, 배경 표현), 사인펜(핵심 기능 강조)
공통 준비물	A4 용지(시나리오와 완성된 아이디어 작성), A4 활동지(선택한 기능 설명과 설계도 작성), 색종이(조리 도구, 침상, 용기 등 표현), 말풍선 스티커(불 사용에 대한 생각이나 대사), 마스킹 테이프(불·침상 등 구조물 고정), 지퍼백(재료 보관)
주제별 준비물 (활동 전 학습)	지오몽 교재, 불의 기능 변화 사례 그림 자료, 불 사용 전후 생활 비교 영상, 고대 동굴 생활 예시 자료
창의 재료	폼보드 A2(전체 장면 배치), 스티로폼 판(불·침상·공간 구분), 셀로판지(불꽃·빛 표현), EVA 폼보드(벽체 또는 바닥 구조물 표현), LED(불빛 효과), 나무젓가락(장작, 꼬치, 구조물 지지대), 클레이(고기, 도구, 불 표현), 플라스틱 컵(물 끓이기), 피규어(인물 역할과 장면 구성), 투명 컵(탈균기 표현)

※ 준비물은 활동지 구성에 맞게 조정 가능합니다. 기본 준비물은 학생이 늘 사용하는 학습 도구이고, 공통 준비물은 수업 전 과정에서 공통으로 필요한 자료입니다.

📖 세부 활동 지침

불의 핵심 기능과 생활 속 변화를 탐구하며, 이를 반입체 불 구조와 다양한 시각 자료로 구체화해서 표현하는 활동입니다.

1) 상황 이해하기 : 불을 발견하고 사용하면서 사람들의 생활과 수명이 어떻게 달라졌는지 이해합니다.
2) 기능 선택하기 : 음식 익히기와 물 끓이기 등 가운데 주요 기능을 선택합니다.
3) 시나리오 쓰기 : 선택한 불의 기능들이 사람의 생존과 생활에 어떻게 기여하는지 이야기로 구성합니다.
4) 설계도 그리기 : 불의 위치, 사람들의 활동 공간, 조리와 물 끓이기 구역 등을 설계도로 작성합니다.
5) 반입체 구조물 만들기 : 폼보드 A2에 전체 장면을 배치하고, 스티로폼 판으로 불터, 침상, 조리 구역을 구분합니다. 불꽃은 빨강과 노랑 셀로판지를 겹쳐 표현하고, LED를 안쪽에 넣어 실제 빛 효과를 만듭니다. 음식 익히기는 나무젓가락을 장작처럼 배치하고 클레이로 만든 고기를 꽂아 불 위에 올립니다. 물 끓이기는 플라스틱 컵에 파랑 셀로판지를 넣어 물을 표현하고, 컵 아래에 LED와 셀로판 불꽃을 배치하여 끓이는 장면을 만듭니다. 불 가열 침상은 스티로폼 위에 피규어를 눕히고 옆에 불을 두어 따뜻하게 자는 모습을 연출합니다. 불빛 감시는 EVA 폼보드로 동굴 벽체를 만들고, 그 앞에 불과 인형을 배치해 밤에 위험을 살피는 상황을 나타냅니다. 연기 탈균기는 투명 컵 위에 클레이 접시를 올리고 색종이로 만든 도구를 두어 연기를 쐬는 모습을 구성합니다. 말풍선 스티커에 대사를 적어 각 장면 위에 붙여 사람들이 불을 어떻게 활용하는지 표현합니다.
6) 보완하기 : 완성된 구조물에서 빠진 장면을 채우고 약한 고정 부분을 보강합니다.
7) 마무리하기 : 완성된 구조물을 보며 불이 사람들의 생활을 어떻게 바꾸었는지 공유합니다.

27·농경 마을 설계 활동 해설지

*교과 연결(초4-2 과학 1단원 '식물의 생활' / 초5-2 과학 2단원 '생물과 환경' / 초6-1 과학 4단원 '식물의 구조와 기능')

📖 활동 개요

농경 마을의 기능과 원리를 탐구하는 과학(S), 다양한 마을 기능을 구상하는 기술(T), 마을 구조를 시나리오와 함께 설계·제작하는 공학(E), 마을의 형태와 기능을 창의적으로 표현하는 예술(A), 마을 기능을 분류·비교·분석하는 수학(M)이 융합된 STEAM 활동입니다.

📖 활동 준비물

주제별 준비물(교사 준비)은 농경 마을의 개념과 사례를 탐구하는 자료이며, 창의 재료는 이를 농경 마을의 반입체 구조와 시각 자료로 표현합니다.

구분	준비물
기본 준비물	연필, 지우개, 자, 가위, 커터 칼, 딱풀(쓰기·지우기·선 긋기·자르기·붙이기), 색연필(작물·지도·집 색칠), 사인펜(핵심 내용 강조)
공통 준비물	A4 용지(시나리오와 완성된 아이디어 작성), 대형 활동지(선택한 기능 설명과 설계도 작성), 색종이(마을과 움집 꾸미기), 말풍선 스티커(지식 나눔 표현), 마스킹 테이프(물길과 도구 고정), 지퍼백(재료 보관)
주제별 준비물 (활동 전 학습)	지오몽 교재, 씨앗 보관과 도구 사용법 등 농경 사회를 이해할 수 있는 영상, 다양한 마을의 구조 예시 자료
창의 재료	대형 도화지(마을 지도가 들어간 설계도), 스티로폼 판(밭과 지형 표현), 흙(작물 심기), 플라스틱 씨앗(작물 생장), 밀짚(움집 지붕), 종이컵(움집 벽체), 나무 막대(움집 골조), 파랑 셀로판지(강·연못·수로 등 물 표현), 빨대(물길 표현), 플라스틱 컵(물 저장소), EVA 폼보드(석기 도구 제작), 나무젓가락(도구 손잡이), 클레이(벽체 접착, 도구의 날·손잡이), 피규어(마을 사람)

※ 준비물은 활동지 구성에 맞게 조정 가능합니다. 기본 준비물은 학생이 늘 사용하는 학습 도구이고, 공통 준비물은 수업 전 과정에서 공통으로 필요한 자료입니다.

📖 세부 활동 지침

농경 마을의 핵심 기능과 구성 원리를 탐구하며, 반입체 마을 구조와 시각 자료로 표현하는 활동입니다.

1) 상황 이해하기 : 농경 마을에 필요한 기능과 사람들이 어떻게 살았는지 자료를 통해 알아봅니다.
2) 기능 선택하기 : 저장, 주거, 물 이용 등 다양한 마을 기능 중에서 원하는 기능을 선택합니다.
3) 시나리오 쓰기 : 선택한 기능이 마을에서 어떻게 쓰이는지 이야기 형식으로 구성합니다.
4) 설계도 그리기 : 대형 도화지에 마을의 구조와 기능별 위치를 배치하고, 필요한 재료를 계획합니다.
5) 반입체 구조물 만들기 : 설계도가 그려진 대형 도화지를 바탕에 깔고 마을의 전체 지형을 구획한 뒤, 스티로폼 판을 붙여 밭과 지형을 표현합니다. 밭에는 흙을 얇게 펴고, 플라스틱 씨앗을 심어 작물이 자라는 모습을 만듭니다. 연못은 파랑 셀로판지를 쓰고, 빨대를 연결해 물길을 밭까지 이어 놓습니다. 물 저장소는 플라스틱 컵으로 표현하되, 마스킹 테이프로 고정합니다. 움집은 종이컵으로 원형 구조를 만들고, 나무 막대와 클레이를 사용해 골조와 벽체를 붙인 후, 밀짚을 지붕 위에 덮습니다. 공동 창고나 씨앗 보관 방은 색종이와 EVA 폼보드로 구조를 만들고, 지퍼백에 씨앗 그림을 넣어 보관 기능을 시각화합니다. 도구 제작 공간에는 나무젓가락과 클레이로 괭이나 도끼 모형을 제작하고, 피규어를 배치해 마을 활동을 표현합니다. 말풍선 스티커를 사용해 사람들의 대화나 협력 장면을 표현합니다. 마을 기능이 잘 보이도록 색연필과 사인펜으로 꾸밉니다.
6) 보완하기 : 완성된 구조물을 보며 빠진 기능을 채우고 연결이 부족한 부분을 수정합니다.
7) 마무리하기 : 전체 마을을 다시 살펴보고, 각 기능의 역할과 연결 상태를 정리하며 완성된 작품을 발표합니다.

* 교과 연결(초4-1 과학 2단원 '지층과 화석' / 초6-1 과학 3단원 '여러 가지 기체' / 초6-2 과학 5단원 '에너지와 생활')

28·화석 연료 생성 지도 만들기 활동 해설지

활동 개요

화석 연료의 생성과 변화를 탐구하는 과학(S), 다양한 활용 방안을 구상하는 기술(T), 형성 과정을 시나리오와 함께 설계·제작하는 공학(E), 자원의 형태와 기능을 창의적으로 표현하는 예술(A), 기능을 분류·비교·분석하는 수학(M)이 융합된 STEAM 활동입니다.

활동 준비물

주제별 준비물(교사 준비)은 화석 연료의 개념과 사용 사례를 탐구하는 자료이며, 창의 재료는 이를 화석 연료의 반입체 구조와 시각 자료로 표현합니다.

구분	준비물
기본 준비물	연필, 지우개, 자, 가위, 커터 칼, 딱풀(쓰기·지우기·선 긋기·자르기·붙이기), 색연필(자원·지도·환경 색칠), 사인펜(핵심 기능 강조)
공통 준비물	A4 용지(시나리오와 완성된 아이디어 작성), 대형 활동지(선택한 조건 설명과 설계도 작성), 색종이(생물 모양, 화산재 층, 자원 종류 표현), 말풍선 스티커(설명 넣기), 마스킹 테이프(지층·구조물 고정), 지퍼백(재료 보관)
주제별 준비물 (활동 전 학습)	지오몽 교재, 화석 연료 생성 과정 그림 자료, 석탄이나 석유·천연가스 활용 사례 자료, 에너지 자원과 환경 영향 비교 영상
창의 재료	폼보드 A2(지층 단면 구조 바탕), 스티로폼 판(지층·퇴적층 구분), 클레이(바다 생물·화산재 입자·차단막 등 다용도 표현), 빨강·주황 셀로판지(열의 색깔 상징과 확산), LED(열의 존재 표현과 지속성), 플라스틱 컵 (지층 속 매장 구조물 표현), 나무젓가락(비스듬히 꽂거나 휘어서 배치해 지층 구분), 클레이(화산재 차단막 등), 말풍선 스티커(단계별 설명 시각화)

※ 준비물은 활동지 구성에 맞게 조정 가능합니다. 기본 준비물은 학생이 늘 사용하는 학습 도구이고, 공통 준비물은 수업 전 과정에서 공통으로 필요한 자료입니다.

세부 활동 지침

화석 연료의 생성 원리와 화석 연료 사용에 따른 생활의 변화를 탐구하며, 이를 반입체 구조와 다양한 시각 자료로 구체화해서 표현하는 활동입니다.

1) 상황 이해하기 : 식물과 바다 생물 등이 퇴적층에 묻혀 수백만 년 동안 변화를 거쳐 화석 연료가 되는 원리를 자료와 영상으로 이해합니다.
2) 조건 선택하기 : 생물의 종류, 묻힌 방식, 열과 압력 등의 조건 가운데 표현할 요소를 선택합니다.
3) 시나리오 쓰기 : 작은 생물이 퇴적층에 묻히고 열과 시간이 작용해 자원이 되는 과정을 이야기로 구성합니다.
4) 설계도 그리기 : 활동지에 지층 단면도를 그리고 조건의 위치와 자원의 변화를 설계합니다.
5) 반입체 구조물 만들기 : 폼보드 A2를 바탕으로 스티로폼 판을 겹쳐 지층과 퇴적층을 구분합니다. 클레이로 작은 바다 생물과 나뭇잎을 만들고 피규어를 배치해 생물 단계를 표현합니다. 묻힘 단계는 갈색·회색 색종이를 붙여 진흙과 모래층을 구현하고 마스킹 테이프로 고정합니다. 열 단계는 빨강·주황 셀로판지를 LED 위에 덮어 빛이 퍼지게 하여 지층 속 열을 상징합니다. 시간 단계는 말풍선 스티커에 '수백만 년'이라고 적어 지층 옆에 붙이고, 자원 종류를 색종이로 만들어 마지막 층에 올립니다. 화산재 차단막은 검정·회색 색종이를 찢어 지층 위에 덮고 클레이로 표현해 산소 차단 효과를 강조합니다. 플라스틱 컵은 지층 속 자원 저장소로 활용하고, 나무젓가락은 지층 사이에 비스듬하게 꽂아 지층을 명확히 구분합니다. 사인펜과 색연필로 설명을 보완하고 말풍선 스티커를 붙여 단계별 변화를 대사처럼 표시합니다.
6) 보완하기 : 구조물을 살피며 빠진 조건이나 약한 부분을 클레이와 테이프로 보강합니다.
7) 마무리하기 : 완성된 구조를 보며 화석 연료가 어떤 조건에서 생기는지 설명하고 자원의 가치를 정리합니다.

* 교과 연결(초3-1 과학 5단원 '지구의 모습' / 초4-1 과학 2단원 '지층과 화석' / 초6-2 과학 5단원 '에너지와 생활')

29·나만의 시추 장비 만들기 **활동 해설지**

📖 활동 개요

시추 장비의 기능과 원리를 탐구하는 과학(S), 활용 방안을 구상하는 기술(T), 시추 과정을 시나리오와 함께 설계·제작하는 공학(E), 장비의 형태와 기능을 창의적으로 표현하는 예술(A), 기능을 분류·비교·분석하는 수학(M)이 융합된 STEAM 활동입니다.

📖 활동 준비물

주제별 준비물(교사 준비)은 석유 시추 장비의 개념과 사례를 탐구하는 자료이며, 창의 재료는 이를 시추 장비의 반입체 구조와 시각 자료로 표현합니다.

구분	준비물
기본 준비물	연필, 지우개, 자, 가위, 커터 칼, 딱풀(쓰기·지우기·선 긋기·자르기·붙이기), 색연필(해양 단면·장비 색칠), 사인펜(핵심 내용 강조와 말풍선 쓰기)
공통 준비물	A4 용지(시나리오와 완성된 아이디어 작성), A4 활동지(선택한 기능 설명과 설계도 작성), 색종이(드릴·탱크·파이프 표현), 말풍선 스티커(기능 설명), 마스킹 테이프(장치 고정), 지퍼백(재료 보관)
주제별 준비물 (활동 전 학습)	지오몽 교재, 석유 생성과 시추 과정 그림 자료, 석유 활용 사례 자료, 시추가 해양 환경에 미치는 영향이 담긴 영상
창의 재료	폼보드 A2(해양 단면 바탕), 스티로폼 판(지층과 해저 구분), EVA 보드(시추 플랫폼 구조물), 나무젓가락(드릴 파이프 역할), 굵은 빨대(파이프 연결 구조, 센서가 들어간 통로 상징적 표현), 소형 LED 키트(센서 신호와 시각 효과), 투명 컵(샘플 추출기 용기), 플라스틱 컵(석유 저장 탱크), 클레이(석유 덩어리와 냉각 장치 표현), 파랑 셀로판지(바다 표현), 작은 피규어(작업자 표현)

※ 준비물은 활동지 구성에 맞게 조정 가능합니다. 기본 준비물은 학생이 늘 사용하는 학습 도구이고, 공통 준비물은 수업 전 과정에서 공통으로 필요한 자료입니다.

📖 세부 활동 지침

화석 연료의 생성 원리와 생활 속 변화를 탐구하며, 반입체 구조와 다양한 시각 자료로 구체화해서 표현하는 활동입니다.

1) 상황 이해하기 : 석유가 어떻게 만들어지고 시추 장비가 어떤 과정을 거쳐 자원을 뽑아 내는지 이해합니다.
2) 기능 선택하기 : 드릴, 센서, 샘플 추출기, 펌프 등 기능 가운데 필요한 기능을 선택합니다.
3) 시나리오 쓰기 : 장비가 드릴로 땅을 뚫고 센서로 석유를 감지하며, 샘플 추출기로 분석한 뒤 펌프로 석유를 퍼 올리는 과정을 이야기로 씁니다.
4) 설계도 그리기 : 활동지에 지층 단면을 그리고 각 기능의 위치와 연결 구조를 표시합니다.
5) 반입체 구조물 만들기 : 폼보드 A2를 바탕으로 스티로폼 판을 겹쳐 지층과 해저를 나누고, 파랑 셀로판지로 바다를 덮습니다. EVA 보드로 시추 플랫폼 구조물을 만들고 그 위에 드릴 장치를 올립니다. 드릴은 나무젓가락으로 파이프를 세우고 끝에 클레이를 붙여 모양을 만듭니다. 굵은 빨대를 연결해 파이프라인을 만들고, LED 키트를 붙여 센서가 작동하는 효과를 표현합니다. 샘플 추출기는 투명 컵을 지층에 묻고 흙과 액체를 담아 분석 장면을 구현합니다. 펌프는 플라스틱 컵을 탱크로 사용해 빨대와 연결하고, 클레이로 석유 덩어리를 올리는 모습을 재현합니다. 자동 냉각 장치는 클레이로 본체를 만들고 EVA 보드 위에 올려 장비의 안전성을 표현합니다. 작은 피규어를 플랫폼 위에 두어 작업자의 역할을 보여 주고, 색종이로 파이프와 부속 장치를 보강합니다. 각 부분에는 사인펜으로 이름을 적고 말풍선 스티커를 붙여 "이건 드릴이에요. 단단한 땅을 뚫어요.", "센서는 냄새를 감지해요."처럼 설명을 넣습니다.
6) 보완하기 : 구조물을 살피며 기능이 빠지거나 약한 부분을 클레이와 테이프로 보강합니다.
7) 마무리하기 : 완성된 구조물을 보며 시추 장비가 석유를 찾아 퍼 올리는 과정을 설명하고, 자원 활용과 환경 문제를 정리합니다.

✱교과 연결(초4-1 과학 2단원 '지층과 화석' / 초6-2 과학 1단원 '전기의 이용' / 초6-2 과학 5단원 '에너지와 생활')

30·나만의 발전소 만들기 활동 해설지

📖 활동 개요

발전소의 기능과 원리를 탐구하는 과학(S), 활용 방안을 구상하는 기술(T), 발전 과정을 시나리오로 설명하며 설계·제작하는 공학(E), 형태와 기능을 창의적으로 표현하는 예술(A), 기능을 분류·비교·분석하는 수학(M)이 융합된 STEAM 활동입니다.

📖 활동 준비물

주제별 준비물(교사 준비)은 발전소의 개념과 사례를 탐구하는 자료이며, 창의 재료는 이를 발전소의 반입체 구조와 시각 자료로 표현합니다

구분	준비물
기본 준비물	연필, 지우개, 자, 가위, 커터 칼, 딱풀(쓰기·지우기·선 긋기·자르기·붙이기), 색연필(그림 색칠), 사인펜(핵심 내용 강조)
공통 준비물	A4 용지(시나리오와 완성된 아이디어 작성), A4 활동지(선택한 발전소 설명과 설계도 작성), 색종이(발전소 기능 구분), 말풍선·스티커(꾸미기·기능 표시), 마스킹 테이프(구조물 임시 고정), 지퍼백(재료 보관)
주제별 준비물 (활동 전 학습)	지오몽 교재, 발전 원리 영상(발전기 이해), 태양광 등 신재생 에너지 자료, 발전소 사진 자료(구조와 설치 환경 이해)
창의 재료	플라스틱 판(발전소 구조물 바탕), 스펀지 블록(터빈 지지대), 클레이(발전기 외형 장식), 소형 태양광 전지판(햇빛 → 전기), 충전식 배터리팩(전기 저장), 미니 서보모터(전지판 자동 회전), 전선(전기 연결), LED 전구(전기 작동 불빛), 나무 막대(전지판 기울기 고정), 드라이버(부품 고정), 절연 테이프(전선 고정), 빨대(송전탑 표현), 글루건(부품 접착)

※ 준비물은 활동지 구성에 맞게 조정 가능합니다. 기본 준비물은 학생이 늘 사용하는 학습 도구이고, 공통 준비물은 수업 전 과정에서 공통으로 필요한 자료입니다.

📖 세부 활동 지침

발전소의 작동 원리와 에너지 활용 방안을 탐구하며, 반입체 구조와 다양한 시각 자료로 구체화해서 표현하는 활동입니다

1) **상황 이해하기** : 발전소 만들기 활동의 전체 목표와 세부 조건을 파악합니다.
2) **기능 선택하기** : 태양광 전지판, 배터리 저장 장치 등 가운데 기능을 선택하고 각각의 기능이 어떤 원리로 작동하는지 확인합니다.
3) **시나리오 쓰기** : 전기가 어떻게 만들어지고 어떤 경로를 따라 이동하는지 설명합니다.
4) **설계도 그리기** : 구조물 제작 전에 평면도와 측면도를 함께 그리고, 크기와 치수를 적어 제작에 혼란이 없게 합니다.
5) **반입체 구조물 만들기** : 플라스틱 판을 바탕으로 삼습니다. 마스킹 테이프를 붙여서 발전소 구조물의 배치도를 표시합니다. 가위나 커터 칼로 스펀지 블록의 모서리를 다듬고(구조물을 안정적으로 붙이기 위해), 마스킹 테이프로 임시 고정합니다. 스펀지 블록으로 터빈 지지대를 세우고, 나무 막대로 전지판 각도를 잡습니다. 미니 서보모터(전지판 각도 바꾸는 회전 장치)를 전지판 뒷면에 글루건으로 붙인 뒤 나사를 죕니다. 태양광 전지판 → 배터리팩 → 분배(빨대 송전탑) → LED 전구 순서로 전선을 연결합니다. 절연 테이프로 접점을 보호하고, 전선은 기능 라벨로 표시합니다. 클레이로 외형을 감싸고 딱풀로 장식을 붙입니다. 사인펜으로 명칭을 써 붙이고, 활동지에 회로 화살표를 그립니다. 전원이 들어오면 LED가 켜지고 전지판이 회전하는지 봅니다. 배터리팩은 중앙에 고정하고 전선은 빨강(+)·검정(−)으로 구분합니다. 빨대를 세워 송전탑을 만들고 글루건으로 접합합니다. 색연필로 전력 화살표를 구분하고, 사인펜으로 안전표지를 표시합니다.
6) **보완하기** : 완성된 발전소의 배선과 고정 상태, 균형을 수정합니다.
7) **마무리하기** : 완성된 발전소를 발표하고 자료 등을 정리합니다.